U0592512

艺术品拍卖投资考成汇典系列

Yi Shu Pin Pai Mai
Tou Zi Kao Cheng Hui Dian Xi Lie

中国古代红木家具拍卖投资考成汇典

关毅 编著

ZHONG GUO GU DAI
HONG MU JIA JU
PAI MAI TOU ZI
KAO CHENG HUI DIAN

中国书店

图书在版编目（CIP）数据

中国古代红木家具拍卖投资考成汇典 / 关毅编著. – 北京：
中国书店, 2014.1
ISBN 978-7-5149-0921-0

Ⅰ.①中… Ⅱ.①关… Ⅲ.①红木科—木家具—拍卖
市场—研究—中国 Ⅳ.①F724.785

中国版本图书馆CIP数据核字(2013)第259806号

中国古代红木家具拍卖投资考成汇典

选题策划：春晓伟业
作　　者：关毅
责任编辑：王丹
装帧设计：耕莘文化

出版发行：中国书店
地　　址：北京市西城区琉璃厂东街115号
邮　　编：100050
印　　刷：北京市圣彩虹制版印刷技术有限公司
开　　本：889mm × 1194mm　1 / 16
版　　次：2014年1月第1版　2014年1月第1次印刷
字　　数：200千字
印　　张：15
书　　号：ISBN 978-7-5149-0921-0
定　　价：398.00元

作者简介

关毅，字道远，号理成居士，清皇室满族镶黄旗人，
文物鉴赏家，收藏家，宫廷家具修复专家。
现任中国文物学会传统建筑园林委员会副秘书长，
中国紫禁城学会理事，
北京世纪宣和中式古典家具技术研究院院长，
著名红木企业太和木作创办人，
故宫博物院乾隆花园古旧文物家具修复研究项目负责人。
关毅先生长期从事古旧文物家具鉴定研究、修复的工作，
他所修复的古家具还原了古典家具的历史风格，恢复了其应有的艺术价值。

2007年

关毅先生为北京奥运会设计的作品“中华玉文房”紫檀木提匣被瑞士洛桑奥林匹克博物馆永久收藏。

2008年至今

关毅先生亲自主持故宫博物院乾隆花园古旧文物家具勘察修缮与内檐装修大修工程，抢救了大量珍贵的历史文物。

2010年9月

关毅先生主持修复的“乾隆花园古典家具与内装修设计展”，在美国马萨诸塞州皮博迪埃塞克斯博物馆正式向公众开放，轰动全美。

2011年1月31日

关毅先生主持修复的部分文物家具在美国纽约大都会艺术博物馆举办的“养性怡情乾隆珍宝展”中惊艳全球。

2012年6月12日—10月14日

为庆祝香港回归十五周年，关毅先生主持修复的故宫乾隆文物家具展在香港隆重举办，成为中华民族文化史上一大盛事。

关毅先生同时担纲多家拍卖公司艺术品投资顾问，经其鉴定修复的古家具不计其数。

关毅先生出身满族世家，系清皇室贵胄，自幼诗礼传家，年少时留学海外，眼界高远，学贯中西，思接古今。

关毅先生研究古典家具独辟蹊径，学术研究与创新屡有超越前人之处。

	1	
2	3	
	4	
5	6	

1.关毅先生向诺贝尔和平奖获得者、南非共和国前总统德克勒克先生赠送“太和充满”牌匾

2.古斯塔夫·艾克夫人曾佑和女士向关毅先生赠送《中国黄花梨家具图考》一书并题词

3.香港著名古董家具收藏家、嘉木堂主人伍嘉恩女士莅临香港艺术馆

4.香港著名古家具收藏家、“攻玉山房”主人叶承耀先生（左）莅临香港艺术馆

5.关毅先生与故宫博物院研究馆员胡德生先生在故宫太和殿前合影。

6.关毅先生亲自参与故宫文物勘察与修复

前　言

中国古代家具是中华民族传统文化中，遗存最丰富、内容最广泛并与社会生活联系最紧密的物质文化遗产。一件件精美的古代家具不仅是中国古代社会历史持续发展和生产力水平不断提高的缩影，更能映衬出各个历史时期在社会制度、思想文化、生活习俗、审美情趣等方面的成就和变迁。中国古代家具文化，无疑是博大精深的中华民族传统文化及华夏艺术宝库中最不可分割和最辉煌灿烂的重要组成部分。

面对如此浩瀚、深邃、厚重而又极具质感魅力的文化瑰宝，以我一个学戏剧出身的“门外汉”底子，企图从中获取一二心得，实有力不从心之感。我知道，这一切都是因为自己“盛名之下，其实难副”惹的祸。数年前，缘于自己血液之中那一点点“皇室血脉”的感召，加之从小浸染于金石书画、古玩瓷器之中，那一层层耳濡目染的精神发端，又承蒙中国文物学界专家、学者、朋辈师友们的提携和推举，个人勇于进取，一气呵成，创办了“北京世纪宣和中式古典家具技术研究院·太和木作”，并担任院长一职。“太和木作”视传统文化的仁、义、礼、智、信为纲常，奉传统制作工艺为圭臬，以新知而利天下。盖因于此，积个人多年夙愿，编辑完成了《中国古代家具拍卖投资考成汇典》丛书。可以说，是自己多年以来向喜好中国古典家具的读者朋友们交的一份答卷。

《中国古代家具拍卖投资考成汇典》系列丛书涵盖漆木、黄花梨木、紫檀木、红木和柴木等五个不同主题，旨在对近年来一浪高过一浪的国内古代家具市场，在“拍卖与投资”两大领域的湍急潮流之中，梳理出一条可知可鉴的“实物线索”，为热爱中式古典家具的朋友们，提供可资借鉴的参考。更希望它能成为广大家具收藏爱好者，实用而具指导意义的案头必备读物。

《中国古代家具拍卖投资考成汇典》系列丛书除按材质工艺分为上述五卷外，各卷均按照家具的使用功能将拍品大致分为坐具、卧具、放置陈设、贮藏、屏蔽、文房及其他六大类。经过精心挑选、认真辨伪，精选了近二十年间国内高端拍卖行的拍品，并附有详细的拍卖交易信息。同时按照家具的器形由简而繁，拍卖的价格由高到低，参照纹饰风格等，进行梳理排列，以求全面、客观、真实地反映中国古代家具的拍卖导向。

《中国古代家具拍卖投资考成汇典》系列丛书不仅具有很强的实用价值，还兼具一定的鉴赏价值。我们的意图是，让读者朋友们在实现快捷搜索和查询的同时，获得视觉和感观上的审美愉悦，以满足广大家具爱好者的投资和鉴赏需求。

《中国古代家具拍卖投资考成汇典》系列丛书秉承精益求精的原则，以谨慎入微的态度去遴选和甄别每一件拍品。真诚希望它们不但能成为古典家具断代、辨伪的标杆，同时也能让朋友们尽可能全面掌握古典家具拍卖投资的第一手资讯；将书中的相关拍卖知识融会贯通，转化成能提升收藏投资回报的最大收益。当然，更希望它能在近年来古典家具投资市场的无限商机中，提供给朋友们一个理性分析和灵动预测的参考空间，便于大众了解和掌握中国古典家具的精华。

古代中式家具的内涵极其广博，集材质美、造型雅、结构考究、工艺精湛于一体，有着深厚的人文内涵和隽永的艺术生命力，又因其独特的历史文化价值，具有很大的升值空间。今天，随着人们物质生活的蒸蒸日上，投身参与古代家具投资与收藏队伍的人越来越多，尽管我们每一个人对于古代中式家具的鉴赏能力，或良莠不齐，或见仁见智，但深入其中，终究能发现有许多“规律”可寻。这样的“规律”既代表了对于中国古代家具最高水平的鉴赏，同时也意味着它身处今天的市场经济中，真实可信的货币价格和历史文化的艺术人文的价值评估。

柯林武德说：“过去的历史今天依然活着，它并没有死去。”每天穿梭于一地古香典雅、满眼历史印痕的故宫，日往月来，年复一年，对于古典家具的审美激情催人华发早生。看着眼前这累累的文字书稿，留连于一张张精致的古典家具图片，想着这些年来辛苦积攒起来的经验和心得，禁不住心情舒畅起来，产生许许多多“知遇”的感慨。这种舒畅是源远流长的中华传统文化赐予我的人生幸运，这样的“知遇”是无数热爱中国古代家具的人们，共同传递给我的美妙的福气，这样的知足感恩是自己心心念念积蓄起来的点点滴滴最真实的感受。

但愿我们的努力能为弘扬中华木作文化尽一份绵薄之力，则余愿足矣！

北京世纪宣和中式古典家具技术研究院院长

关毅

2013年9月2日

中国古典家具拍卖二十年

关毅

一、古典家具拍卖起步虽晚但方兴未艾

拍卖系舶来品，自十九世纪七十年代传入中国，伴随着中国社会的兴衰更替，历经百余年沧桑。中国古典家具最初只是在专业人士及爱好者中探讨，国人习焉不察，所以第一个为中国传统家具著书立说的人反倒是德国人古斯塔夫•艾克（Gustav Ecke）。1944 年艾克和其助手杨耀出版了《中国花梨家具图考》。1971 年，美国人安思远（R. H. Ellsworth） 完成《中国家具》（Chinese Furniture）一书，在中国家具研究史上占有重要一席。

1983 年，王世襄先生的《明式家具珍赏》及后来的《明式家具研究》相继问世。此后，有关中国古典家具的研究、收藏、展览、出版呈现“繁花万树迷人眼”的景象，让国人知晓古典家具作为高雅文化，兼具实用性、观赏性和收藏价值，既可实用，也可宝藏，能够充分体现藏家的品位。

1985 年之后，随着我国经济体制改革的不断深化，拍卖交易迅速恢复和发展。古典家具拍卖起步虽晚，但因为其厚重的文化含量和巨大的经济价值，日益受到人们的喜爱和重视，发展势头方兴未艾。

从 1994 年秋季开始，中国古典家具进入拍卖领域，当年中国嘉德和北京翰海共同推出十件黄花梨拍品，虽然上拍量较少，价位也低，但在中国拍卖交易史上及古典家具收藏研究领域却具有重要的里程碑意义。从那时算起，中国古典家具拍卖走过了二十年不平凡的历程。

1996 年，纽约佳士得总部举行了一场中国古典家具拍卖会，这是一场标志性的拍卖会。来自全世界的三百多位收藏家、文博专家、实业家参加拍卖，参拍的 107 件中国明清古典家具无一例外全部成交，创造了国际拍卖市场上少有的奇迹，因此被业界称为中国古典家具跻身世界级重要拍卖品行列的标志。

曾几何时，一代鉴古大家王世襄面对“文革”中明清家具惨遭毁坏的惨状，仰天长啸：“中岁徒劳振臂呼，檀梨惨痖泪模糊。”而面对“文革”之后古典家具拍卖的中兴，又令王世襄先生喜不自禁，“而今喜入藏家室，免作胡琴与算珠。”

到 2004 年秋，古典家具的关注度得到进一步提高，价位首次突破千万元大关。而从 2009 年秋开始，古典家具拍卖市场迅猛发展，并在 2010 年春形成历史高峰，上拍量为 289 件。2011 年，古典家具的拍卖场次安排趋于频繁，仅中国嘉德就举办了七场家具拍卖，春拍更是获得两个专场 100% 的非凡成交业绩。

从近年拍卖数据来看，古典家具行情稳步上升：

2007 年 5 月，香港佳士得，清朝康熙御制宝座拍出 1376 万港元，打破了御制宝座的世界拍卖纪录。

2007 年 11 月，北京保利，清乾隆紫檀方角大四件柜以 2800 万元人民币创下了中国明清家具拍卖的世界纪录。

2008年4月，中国嘉德，清乾隆紫檀雕西番莲大平头案，拍出3136万元人民币。清乾隆紫檀束腰西番莲博古图罗汉床以3248万元人民币刷新中国明清家具拍卖的世界纪录。

2008年，纽约苏富比中国古典家具的成交率高于其80%的普遍成交率，明代家具更是百分百成交。

2009年10月，香港苏富比，清乾隆御制紫檀木雕八宝云纹水波云龙宝座以8578万港元的拍卖价格再破中国家具世界拍卖纪录。

随着时间推移，到2010年，秋拍市场成交最火爆、竞价最激烈的拍品是什么？就是中式古典家具。2010年11月20日，一件清乾隆"黄花梨云龙纹大四件柜（一对）"在中国嘉德"秋光万华——清代宫廷艺术集粹"专场以3976万元人民币成交，创造了黄花梨家具拍卖新纪录。而这个纪录仅仅保持了一天，就在次日，一张明代黄花梨簇云纹马蹄腿六柱式架子床以4312万元再次刷新拍卖纪录。

此次中国嘉德推出的黄花梨家具专场拍卖，100%成交，总成交额2.59亿元人民币。同时，国内其他拍卖公司古典家具拍卖也红红火火。特别是以黄花梨、紫檀为代表的硬木家具，因其资源极度匮乏且具有巨大的升值潜力，成为了继书画、瓷器和玉器之后的又一令人瞩目的收藏热点，业内人士用一句话概括古典家具拍卖："火的不得了"。

随着国民生活水平不断提高以及投资理念的转变，作为现代服务业的一个重要组成部分，中国古典家具拍卖必将迎来更加广阔的生存空间，面临更大的发展机遇。

二、明清古典家具拍卖最具升值空间

中国传统家具的精髓在于神，不在于形。形之千变万化，由战国及秦汉及晋唐及宋元及明清，脉络可理；由低向高是中国家具的发展态势，由简向繁是中国家具的演变。在中国古典家具中，无论是卧具、承具、坐具还是庋具，都可以撇开形式，向后人讲述它跨时空存在的意义及看不见的精神享受。

中国古典家具，尤其明清家具，设计理念深受传统文化的影响。一是秉承天人合一的思想，极为重视原木材质及其纹理的运用，产生了质地坚硬、色泽幽雅、肌理华美的自然之美，以及稳重大气、简洁流畅的态势之美；造型上大到整把圈椅，小到牙板、马蹄脚等寓意生动，充分表现出造物与自然之物的和谐。二是色彩厚重而不沉闷，华美而不艳俗，比例尺度严密，圆中有方、方中见圆的设计理念，体现出中国古代天圆地方的哲学思想。三是曲线与直线的对比，柔中带刚，虚实相生，灵动而沉着的设计理念充分显示出"顺应自然，崇尚节俭"的生活信条，"不以物喜，不以己悲"的处事原则和"抱朴守真，寂空无为"的价值取向。四是在家具上雕饰大量吉祥图案，满足了人们的精神需求。

收藏升值潜力高的古典家具，原材料很重要，越罕有价越高。其中紫檀木、黄花梨木、鸡翅木、铁力木并称中国古代四大名木。

古典家具中，首选紫檀，因其宫廷专用，民间极少见。产自印度的小叶紫檀，又称檀香紫檀，是目前所知最珍贵的木材，是紫檀木中最高级的一类。而常言十檀九空，最大的紫檀木直径仅为二十厘米左右，难出大料，其珍贵程度可想而知。同时受生产力交通运输原因，至清代，来源枯竭，这也是紫檀木为世人所珍视的一个重要原因。紫檀家具的特色是重装饰多雕工花纹，与明清时代的简约风格截然不同，特别受国内买家追捧。

黄花梨的稀有程度仅次于紫檀。黄花梨俗称“降香木”，红木国标定为香枝木类，木质坚硬，纹理漂亮，在木料、颜色及耐看性方面较高，是制作古典硬木家具的上乘材料。其树种降香黄檀虽易成活，但成材却需要上千年的生长期，所以早在明末清初，海南黄花梨木种就濒临灭绝。因此，留存至今的黄花梨家具十分珍贵。

从年代和造型风格来看，明清家具作为中国古典家具中的精华，成为拍场上众多藏家眼中青睐的珍宝。目前最具升值潜力的家具有三，其一是明代和清早期在文人指点下制作的明式家具，木质一般都是黄花梨；其二是清康雍乾时期由皇帝亲自监督，宫廷专造，挑选全国最好的工匠在紫禁城里制作的清代宫廷家具，木质一般是紫檀木；其三是如今市场趋热的红木家具，虽然不比紫檀、黄花梨，但在审美情趣上较多体现了明清家具的遗韵，有着很大的收藏价值。这三类家具虽然市场价格很高，但从投资角度看，仍最具升值空间。以2012年春拍为例，明清古典家具以及宫廷御制珍品受到藏界的追捧。数场拍卖会成交不俗，上升之势明显。

三、古典家具拍卖虽经历短暂低迷，但前途大好

2012春季拍卖会，由于金融市场和房地产市场双双低迷，春拍的上拍量都有所减少、规模有所压缩。2012年冬，各个拍卖公司的秋季拍卖会接踵而至。不过近年来一路看涨的艺术品市场却突然唱出了“休止符”，不少艺术品的拍卖行情低迷。在中国嘉德的秋拍中，以“姚黄魏紫”命名的明清古典家具专场拍卖，集中了当今古典家具收藏的巅峰之作，120多件拍品数量空前。然而多件拍品出现流拍，其一、二两个专场成交率分别为34.04%与46.97%，总成交额仅为2.3亿元。

面对显出疲态的市场，质疑古典家具收藏市场行情的声音多了，也有人认为“秋拍季”就是艺术品投资的“拐点”。那么，艺术品收藏市场是否由热趋冷了呢?

实际上，艺术品投资收藏市场的资金周转速度慢，在短期内出现这么频繁和大规模的拍场安排，很容易使现有的市场容量趋于饱和。这导致两方面的结果：一方面水涨船高，古典家具的价位在屡次拍卖中节节攀升；另一方面，收藏者手

里已经有了一定藏品的积累，拥有了一些重量级的家具，这也使得他们在后面的拍卖中表现得更为谨慎。

古典家具市场的相对低迷，也正是短期内行情持续走高而需要调整适应的表现。艺术品市场专家认为，由于此前家具专场拍卖都比较成功，卖家纷纷要求把拍品估值调高，而这是违背拍卖业低估高卖的规律的，所以导致大面积流拍。

近几年来，随着经济发展和人们投资心态加重，古典家具市场新的买家不断涌现，急剧拉升市场行情。一方面，圈内玩家缺乏足够的资金去购买，因而更多地选择谨慎观望；另一方面，新玩家虽然资金相对充裕，但相对缺乏鉴别真伪的能力，在拍卖中往往表现出随大溜的跟风心理，在局势不明、大多观望的古典家具拍卖市场中，他们也往往受影响而犹疑不决。

家具拍卖行情低迷，是否表示目前的古典家具领域已经出现价格泡沫？

其实，如果与书画等其他艺术收藏品相比，古典家具还存在升值空间。从拍卖价格上说，书画拍卖过亿的情况屡见不鲜，但中国古典家具始终没有步入这一行列。

目前，中国古典家具受到海外收藏家的争相追捧及各大博物馆的收购珍藏。由于古典家具结合了最好的材质，如纹理瑰美的黄花梨和肃穆大方的紫檀；运用了最好的工艺，如其榫卯非常精巧，因此承载了深厚的中国古代建筑美学内涵。古典家具还有很大的实用和欣赏价值，布置在居室中，美观好看。更由于古典家具资源十分有限，经典的精品佳作稀缺难求。因此，其市场潜力还有待进一步挖掘。

即便在价格连续攀升而使买家普遍观望的市场行情中，精品家具还是能受到买家的欢迎而拍到理想的价格。以 2012 年春拍为例，此次拍卖虽然成交率低，但其中五件精品家具还是突破了千万元的价格而顺利成交，其中一件从恭王府流出的清宫御用家具“清乾隆紫檀雕西番莲庆寿纹宝座”，更以 5750 万元夺魁。

可见，社会对古典家具的购藏热情并没有消退。只要中国的宏观经济不发生大的波折和逆转，随其持续稳定的发展，未来古典家具投资收藏的需求必然增加，古典家具市场的容量和实力也将得到壮大。

目录

坐具

001

001
红木素圈椅（一对）
年　　代：清中期
尺　　寸：高96厘米
拍卖时间：中国嘉德　1994年11月9日
　　　　　秋季拍卖会瓷器玉器鼻烟壶工艺品专场　第828号
估　　价：RMB 25,000—30,000
成 交 价：RMB 18,700

002
红木束腰方凳（一对）
年　　代：清
尺　　寸：高51厘米　长54厘米　宽54厘米
拍卖时间：中国嘉德　1999年4月21日
　　　　　瓷器、漆器、工艺品、家具　第0361号
估　　价：RMB 8,000—12,000
成 交 价：RMB 8,800

002

003

003

红木雕花椅（一对）

年　　代：清

尺　　寸：高97.5厘米　宽65.5厘米　深51.5厘米

拍卖时间：中国嘉德　1999年4月21日

瓷器、漆器、工艺品、家具　第0377号

估　　价：RMB 10,000—15,000

成交价：RMB 16,500

004

铁力木长扶手椅

年　　代：清中期

尺　　寸：长190厘米　宽55厘米　高100厘米

拍卖时间：中国嘉德　1999年10月27日

秋季拍卖会古典家具　第1171号

估　　价：RMB 20,000—30,000

成交价：RMB 22,000

004

005

005

红木南官帽椅

年　　代：清中期
尺　　寸：长58厘米　宽46厘米　高109厘米
拍卖时间：中国嘉德　1999年10月27日
　　　　　秋季拍卖会古典家具　第1175号
估　　价：RMB 8,000—15,000
成 交 价：RMB 16,500

006

红木雕灵芝扶手椅、方桌、茶几（一套）

年　　代：清晚期
尺　　寸：几　长98厘米　宽98厘米　高82厘米
　　　　　椅子　长61厘米　宽47厘米　高82厘米
拍卖时间：中国嘉德　1999年10月27日
　　　　　秋季拍卖会古典家具　第1181号
估　　价：RMB 70,000—90,000
成 交 价：RMB 71,500

006

007

红木镶理石面太师椅（一对）

年　　代：清晚期

尺　　寸：长65厘米　宽53厘米　高104厘米

拍卖时间：中国嘉德　1999年10月27日

　　　　　秋季拍卖会古典家具　第1177号

估　　价：RMB 18,000—28,000

008

红木雕花果纹扶手椅、茶儿（一套）

年　　代：清晚期

尺　　寸：椅　长63厘米　宽48厘米　高100厘米

　　　　　几　长41厘米　宽30厘米　高79厘米

拍卖时间：中国嘉德　1999年10月27日

　　　　　秋季拍卖会古典家具　第1185号

估　　价：RMB 55,000—65,000

成 交 价：RMB 52,800

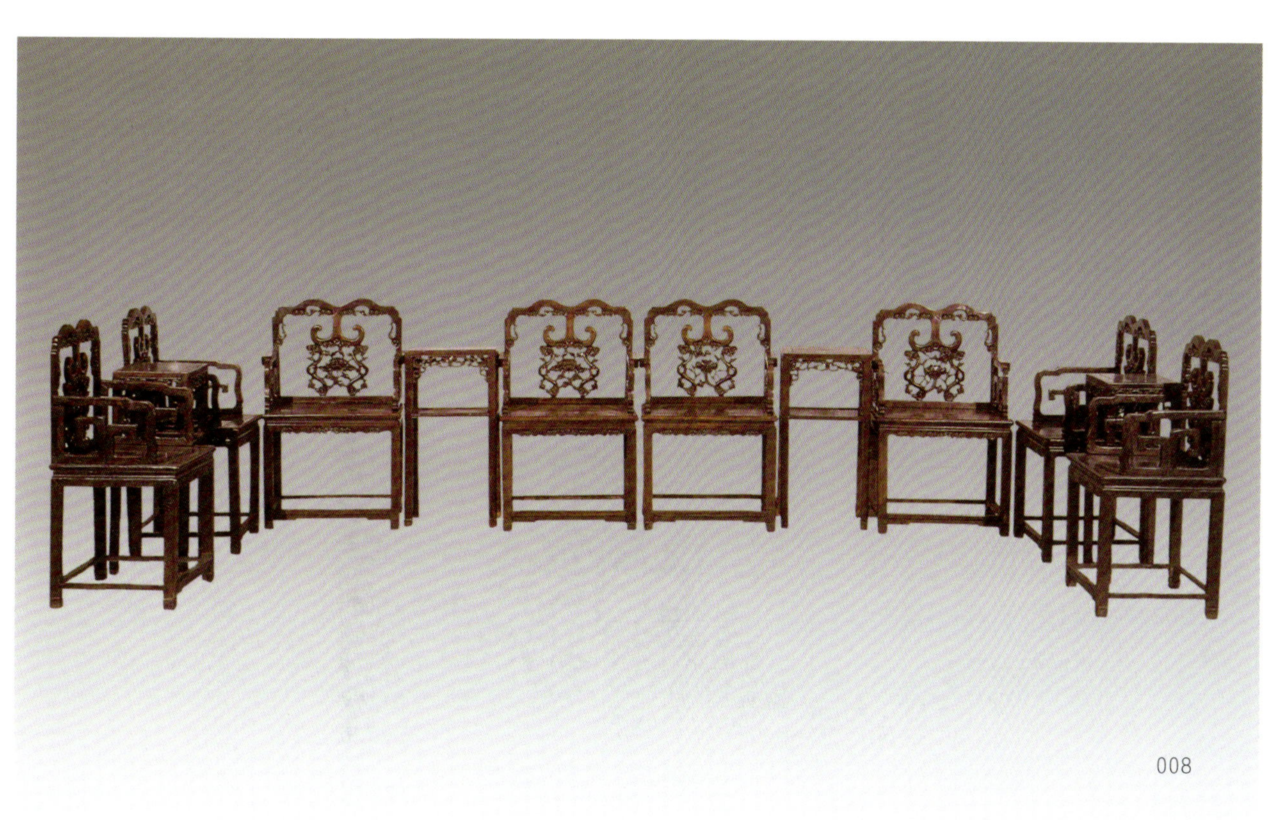

009

010

009

红木嵌云石直背椅、茶几（三件）

年　　代：清

尺　　寸：椅　高90厘米　长51厘米　宽39厘米

　　　　　几　高78厘米　长79厘米　宽39厘米

拍卖时间：天津国拍　2006年6月21日

　　　　　瓷器玉器古董艺术品拍卖　第962号

估　　价：RMB 15,000—18,000

成 交 价：RMB 15,730

010

红木嵌螺钿太师椅

年　　代：清

尺　　寸：长91厘米　宽58厘米　高101厘米

拍卖时间：天津国拍　2006年6月21日

　　　　　瓷器玉器古董艺术品拍卖　第963号

估　　价：RMB 120,000—150,000

成 交 价：RMB 45,200

011

012

011
红木靠背椅
年　　代：民国
尺　　寸：长93.2厘米
拍卖时间：中国嘉德　2007年12月15日
四季拍卖玉器、工艺品　第3657号
估　　价：无底价
成 交 价：RMB 5,040

012
红木小圈椅（一对）
年　　代：清
尺　　寸：高77.5厘米
拍卖时间：中国嘉德　2007年12月15日
四季拍卖玉器、工艺品　第3667号
估　　价：RMB 20,000—30,000
成 交 价：RMB 39,200

013

013
红木广式大靠椅
年　　代：清
尺　　寸：长87.2厘米　宽53.6厘米　高109厘米
拍卖时间：浙江南北　2007年12月19日
　　　　　秋季艺术品拍卖会明清家具专场　第1101号
估　　价：RMB 30,000—50,000

014
红木南官帽椅（一对）
年　　代：清
尺　　寸：高101.5厘米　长59厘米　宽46厘米
拍卖时间：南京正大　2008年1月19日
　　　　　迎春明清古典家具专场　第12号
估　　价：RMB 78,000—108,000
成 交 价：RMB 85,800

014

015

红木嵌黄杨大香机

年　　代：清中期

尺　　寸：高115厘米　长57.8厘米　宽57.8厘米

拍卖时间：南京正大　2008年1月19日

　　　　　迎春明清古典家具专场　第125号

估　　价：RMB 480,000—780,000

成交价：RMB 528,000

016

鸡翅木雕福寿纹小宝座式扶手椅

年　　代：清乾隆

尺　　寸：高78厘米

拍卖时间：北京保利　2008年5月30日

　　　　　开物——明清宫廷艺术夜场　第2152号

估　　价：RMB 800,000—1,200,000

成交价：RMB 1,030,400

015

016

017

红木延年益寿三人椅（一对）

年　　代：清

尺　　寸：长189厘米　宽60厘米　高112厘米

拍卖时间：浙江钱塘　2008年6月8日　春季艺术品拍卖会　第10号

估　　价：RMB 100,000—150,000

018

019

018
红木嵌云石大禅椅两张一几
年　　代：民国
尺　　寸：长95厘米　宽59厘米　高120厘米
拍卖时间：浙江钱塘　2008年6月8日
　　　　　春季艺术品拍卖会　第12号
估　　价：RMB 350,000-450,000

019
红木藤面小姐椅一组（四张）
尺　　寸：长40厘米　宽40厘米　高82厘米
拍卖时间：浙江钱塘　2008年6月8日
　　　　　春季艺术品拍卖会　第40号
估　　价：RMB 60,000-80,000

020

021

020
红木鸭蛋凳一组（四张）
年　　代：清
尺　　寸：长40厘米　宽33厘米　高49厘米
拍卖时间：浙江钱塘　2008年6月8日　春季艺术品拍卖会　第52号
估　　价：RMB 12,000—16,000

021
红木嵌瘿木竹节圆凳
年　　代：清
尺　　寸：直径34厘米　高45厘米
拍卖时间：浙江钱塘　2008年6月8日　春季艺术品拍卖会　第53号
估　　价：RMB 40,000—60,000

022
红木盘结纹书房椅一组（六张）
年　　代：民国
尺　　寸：长41厘米　宽39厘米　高100厘米
拍卖时间：浙江钱塘　2008年6月8日
春季艺术品拍卖会　第60号
估　　价：RMB 30,000—40,000

023
红木文旦椅（四张）
年　　代：民国
尺　　寸：长50厘米　宽41厘米　高93厘米
拍卖时间：浙江钱塘　2008年6月8日　春季艺术品拍卖会　第140号
估　　价：RMB 50,000—60,000

024

025

024
红木嵌云石面百灵台配四凳
年　　代：清
尺　　寸：直径87厘米　高87厘米
拍卖时间：浙江钱塘　2008年6月8日　春季艺术品拍卖会　第70号
估　　价：RMB 120,000—160,000

025
红木嵌云石南官帽椅（一对）
年　　代：清
尺　　寸：长60厘米　宽49厘米　高107厘米
拍卖时间：浙江钱塘　2008年6月8日　春季艺术品拍卖会　第134号
估　　价：RMB 80,000—100,000

026

027

026

红木嵌云石面圈椅（一对）

年　　代：清

尺　　寸：长58厘米　宽44.5厘米　高97厘米

拍卖时间：浙江钱塘　2008年6月8日
　　　　　春季艺术品拍卖会　第79号

估　　价：RMB 300,000—400,000

027

红木圈椅（一对）

年　　代：清

尺　　寸：长60厘米　宽46.5厘米　高104厘米

拍卖时间：浙江钱塘　2008年6月8日　春季艺术品拍卖会　第156号

估　　价：RMB 50,000—60,000

028

029

028
红木圆形靠背椅（四张）
年　　代：民国
尺　　寸：宽40厘米　高88厘米
拍卖时间：新华富邦　2009年8月16日
　　　　　夏季艺术品拍卖会典藏家具专场　第57号
估　　价：RMB 30,000—50,000
成交价：RMB 42,560

029
红木镶云石面方凳（一对）
年　　代：清
尺　　寸：长39厘米　宽39厘米　高49厘米
拍卖时间：新华富邦　2009年8月16日
　　　　　夏季艺术品拍卖会典藏家具专场　第50号
估　　价：RMB 20,000—30,000
成交价：RMB 28,000

030

031

030
红木蛋圆纹八椅四几一堂
年　　代：清
尺　　寸：椅　长62厘米　宽46厘米　高103厘米
　　　　　几　长44.5厘米　宽44.5厘米　高76厘米
拍卖时间：新华富邦　2009年8月16日
　　　　　夏季艺术品拍卖会典藏家具专场　第31号
估　　价：RMB 1,300,000—2,000,000
成 交 价：RMB 2,016,000

031
红木南官帽椅（一对）
年　　代：清
尺　　寸：长59厘米　宽45厘米　高95厘米
拍卖时间：新华富邦　2009年8月16日
　　　　　夏季艺术品拍卖会典藏家具专场　第111号
估　　价：RMB 120,000—180,000
成 交 价：RMB 168,000

032

033

032

红木桃形小凳

年　　代：民国

尺　　寸：长20厘米　宽14厘米　高16.5厘米

拍卖时间：新华富邦　2009年8月16日

夏季艺术品拍卖会典藏家具专场　第156号

估　　价：RMB 2,000—3,000

成交价：RMB 3,000

033

红木方凳（四只）

年　　代：清

尺　　寸：长40.5厘米　宽40.5厘米　高48厘米

拍卖时间：新华富邦　2009年8月16日

夏季艺术品拍卖会典藏家具专场　第54号

估　　价：RMB 8,000—16,000

成交价：RMB 15,000

034

035

034
红木绞腾鳄鱼腿禅凳
年　　代：清
尺　　寸：长56厘米　宽56厘米　高51厘米
拍卖时间：新华富邦　2009年8月16日
　　　　　夏季艺术品拍卖会典藏家具专场　第182号
估　　价：RMB 60,000—80,000
成 交 价：RMB 70,000

035
红木灵芝纹太师椅二椅一几
年　　代：清
尺　　寸：椅　长64.5厘米　宽45厘米　高102厘米
　　　　　桌　长42.5厘米　宽42.5厘米　高75厘米
拍卖时间：新华富邦　2009年8月16日
　　　　　夏季艺术品拍卖会典藏家具专场　第45号
估　　价：RMB 50,000—70,000
成 交 价：RMB 65,000

036

037

036

红木镶瘿木面鼓凳（四只）

年　　代：清

尺　　寸：面径32厘米　高45厘米

拍卖时间：新华富邦　2009年8月16日

夏季艺术品拍卖会典藏家具专场　第33号

估　　价：RMB 220,000—280,000

成 交 价：RMB 280,000

037

红木宁式靠背椅（四张）

年　　代：清

尺　　寸：长50厘米　宽40厘米　高93.5厘米

拍卖时间：新华富邦　2009年8月16日

夏季艺术品拍卖会典藏家具专场　第11号

估　　价：RMB 300,000—400,000

成 交 价：RMB 420,000

038

039

038

红木镶瘿木鼓凳（四只）

年　　代：清

尺　　寸：面径30.5厘米　高46.5厘米

拍卖时间：富邦　2010年1月19日

迎春大型艺术品拍卖古木今韵——典藏家具专场　第68号

估　　价：RMB 100,000—150,000

成 交 价：RMB 140,000

039

红木拐子龙纹太师椅（四张）

年　　代：清

尺　　寸：长61厘米　宽47厘米　高95厘米

拍卖时间：富邦　2010年1月19日

迎春大型艺术品拍卖古木今韵——典藏家具专场　第53号

估　　价：RMB 300,000—400,000

成 交 价：RMB 300,000

040

041

040

红木镶云石盘枝纹太师椅八椅四几

年　　代：清

尺　　寸：几　长44.5厘米　宽44.5厘米　高76厘米

椅　长61厘米　宽46.5厘米　高101厘米

拍卖时间：富邦　2010年1月19日

迎春大型艺术品拍卖古木今韵——典藏家具专场　第39号

估　　价：RMB 1,200,000—1,800,000

成 交 价：RMB 1,200,000

041

红木太师椅（一对）

年　　代：清

尺　　寸：长66厘米　宽48厘米　高97厘米

拍卖时间：北京万隆　2010年1月8日　古董珍玩专场　第1555号

估　　价：RMB 40,000

042

红木拐子龙长方凳

年　　代：清

尺　　寸：长40厘米　宽31厘米　高47厘米

拍卖时间：新华富邦　2009年8月16日

　　　　　夏季艺术品拍卖会典藏家具专场　第9号

估　　价：RMB 10,000—20,000

成 交 价：RMB 15,000

043

红木拐子纹太师椅（一对）

年　　代：清

尺　　寸：长61厘米　高94厘米

拍卖时间：浙江佳宝　2010年6月6日

　　　　　宫廷典藏家具拍卖专场　第44号

估　　价：RMB 80,000—120,000

成 交 价：RMB 134,400

044

044

红木南官帽椅

年　　代：清

尺　　寸：长58.5厘米　宽47厘米　高107厘米

拍卖时间：富邦　2010年1月19日

迎春大型艺术品拍卖古木今韵——典藏家具专场　第55号

估　　价：RMB 38,000—48,000

成 交 价：RMB 55,000

045

红木交椅

年　　代：清

尺　　寸：长62.5厘米　高108厘米

拍卖时间：富邦　2010年1月19日

迎春大型艺术品拍卖古木今韵——典藏家具专场　第56号

估　　价：RMB 120,000—180,000

045

046

红木花梨木小圈椅

年　　代：清（18世纪）

尺　　寸：高77厘米　长46厘米　宽33厘米

拍卖时间：纽约苏富比　2010年3月23日

中国瓷器及工艺精品　第163号

估　　价：USD 5,000—7,000

成 交 价：USD 5,000

047

红木百宝嵌博古宝座

年　　代：清

尺　　寸：高108厘米　长124　宽90厘米

拍卖时间：北京保利（第十期精品）2010年3月20日

工艺品　第1976号

估　　价：无底价

成 交 价：RMB 44,000

046

047

048
西式红木扶手椅（四张）
年　　代：清
尺　　寸：长56厘米　宽55厘米　高107厘米
拍卖时间：浙江佳宝　2010年6月6日
　　　　　宫廷典藏家具拍卖专场　第62号
估　　价：RMB 100,000—150,000
成 交 价：RMB 156,800

049
红木四出头官帽椅（一对）
年　　代：清
尺　　寸：长52厘米　高100厘米
拍卖时间：浙江佳宝　2010年6月6日
　　　　　宫廷典藏家具拍卖专场　第41号
估　　价：RMB 80,000—120,000
成 交 价：RMB 123,200

050

050
红木鳌鱼腿博古纹屏风椅半堂
年　　代：清
尺　　寸：长54厘米　高95厘米
拍卖时间：浙江佳宝　2010年6月6日
　　　　　宫廷典藏家具拍卖专场　第61号
估　　价：RMB 100,000—150,000
成交价：RMB 168,000

051
红木禅凳（一对）
年　　代：清
尺　　寸：长55厘米　宽47厘米
拍卖时间：浙江佳宝　2010年6月6日
　　　　　宫廷典藏家具拍卖专场　第26号
估　　价：RMB 60,000—80,000
成交价：RMB 67,200

051

052

053

052

红木南官帽椅（一对）

年　　代：清

尺　　寸：长62厘米　宽50厘米　高109厘米

拍卖时间：浙江佳宝　2010年6月6日

官廷典藏家具拍卖专场　第50号

估　　价：RMB 100,000—150,000

成交价：RMB 280,000

053

红木扶手小姐椅两椅一几

年　　代：民国

尺　　寸：椅　高87厘米　长68厘米　宽47厘米

几　高 63厘米　长 56厘米　宽 36.5厘米

拍卖时间：南京正大　2010年9月26日

春季明清古典家具专场　第20号

估　　价：RMB 28,000—38,000

成交价：RMB 31,360

054

055

054
红木面木儿凳（一对）
年　　代：清中期
尺　　寸：长42厘米　宽42厘米　高50厘米
拍卖时间：歌德　2010年11月19日　文房清供　第941号
估　　价：RMB 20,000—30,000
成 交 价：RMB 22,400

055
红木镶楠木名人款书房椅（四张）
年　　代：清
尺　　寸：高76厘米　长46.5厘米　宽39厘米
拍卖时间：南京正大　2010年9月26日
春季明清古典家具专场　第21号
估　　价：RMB 148,000—178,000
成 交 价：RMB 179,200

056

红木雕云纹太师椅（三件）

年　　代：清

尺　　寸：高102厘米　长62厘米　宽46厘米

拍卖时间：北京歌德　2011年6月3日　香远益清——文房清供专场（一）　第700号

估　　价：RMB 250,000—280,000

057
红木禅凳（一对）
尺　　寸：高50厘米
拍卖时间：中国嘉德四季　2011年6月20日　佳器遗构——明清家具构件及古典家具专场　第5400号
估　　价：RMB 15,000—25,000
成 交 价：RMB 25,300

058

059

058
红木灯挂椅（四把）
年　　代：清晚期
尺　　寸：高104厘米
拍卖时间：中国嘉德四季　2011年6月20日
佳器遗构——明清家具构件及古典家具专场　第5401号
估　　价：RMB 15,000—25,000
成 交 价：RMB 23,000

059
红木理石靠背椅四件茶几（两件）
年　　代：清晚期
尺　　寸：尺寸不一
拍卖时间：中国嘉德四季　2011年6月20日
佳器遗构——明清家具构件及古典家具专场　第5402号
估　　价：无底价
成 交 价：RMB 17,250

060

061

060
红木雕龙四出头官帽椅（四件）
年　　代：清
尺　　寸：高105厘米　长64厘米　宽50厘米
拍卖时间：中国嘉德四季　2011年9月19日
　　　　　承古容今——古典家具专场　第5907号
估　　价：RMB 180,000—250,000
成交价：RMB 178,250

061
红木官扶手椅（一套）
年　　代：清
尺　　寸：高97厘米　长59厘米　宽44厘米
拍卖时间：北京保利（第十六期）　2011年10月22日
　　　　　异趣交融——中西古典家具　第557号
估　　价：RMB 20,000—30,000
成交价：RMB 69,000

062

062
红木嵌紫檀面方凳
年　　代：清中期
尺　　寸：高46厘米　宽38厘米
拍卖时间：北京保利（5周年） 2010年12月6日
　　　　　中国古董珍玩　第5441号
估　　价：RMB 100,000—150,000
成 交 价：RMB 112,000

063
红木三人凳长扶手椅
年　　代：清
尺　　寸：高90厘米　长180厘米　宽58厘米
拍卖时间：北京保利（第十六期） 2011年10月22日
　　　　　异趣交融——中西古典家具　第563号
估　　价：RMB 20,000—30,000
成 交 价：RMB 23,000

063

064

红木躺椅

年　　代：清

尺　　寸：高84厘米　长90厘米　宽55厘米

拍卖时间：北京保利（第十六期）2011年10月22日
异趣交融——中西古典家具　第561号

估　　价：RMB 10,000—20,000

成 交 价：RMB 20,700

065

红木镶云石圆桌凳（一套）

年　　代：清

尺　　寸：尺寸不一

拍卖时间：北京保利（第十六期）2011年10月22日
异趣交融——中西古典家具　第574号

估　　价：RMB 20,000—30,000

成 交 价：RMB 28,750

064

065

066

066
红木雕福寿纹宝座
年　　代：清
尺　　寸：长92厘米　宽58厘米　高105厘米
拍卖时间：北京舍得　2011年12月17日
　　　　　中国古典家具清代、民国红木专场拍卖会　第9号
估　　价：RMB 200,000—280,000

067
红木嵌大理石面鼓墩（一对）
年　　代：清
尺　　寸：面径42厘米　高54.5厘米
拍卖时间：北京舍得　2011年12月17日
　　　　　中国古典家具清代、民国红木专场拍卖会　第14号
估　　价：RMB 35,000—50,000

067

068

红木玫瑰椅

年　　代：清

尺　　寸：长55厘米　宽43厘米　高90厘米

拍卖时间：北京舍得　2011年12月17日
　　　　　中国古典家具清代、民国红木专场拍卖会　第1号

估　　价：RMB 50,000—70,000

069

红木嵌瓷板桌凳一套（五件）

年　　代：民国

尺　　寸：桌　长70厘米　宽70厘米　高80厘米
　　　　　凳　长36厘米　宽36厘米　高44厘米

拍卖时间：北京舍得　2011年12月17日
　　　　　中国古典家具清代、民国红木专场拍卖会　第42号

估　　价：RMB 400,000—500,000

068

069

070

红木嵌云石雕花鸟靠背椅

年　　代：民国

尺　　寸：长43厘米　宽40厘米　高95厘米

拍卖时间：北京翰海　2012年6月29日　四季拍卖古董珍玩（一）家具、杂项专场　第1035号

估　　价：RMB 18,000

成 交 价：RMB 20,700

（局部）

071

红木福寿纹宝座

年　　代：清

尺　　寸：高93.5厘米　长104.7厘米　宽65厘米

拍卖时间：北京舍得　2012年6月17日　明清黄花梨、红木专场拍卖　第9号

估　　价：RMB 160,000—200,000

成交价：RMB 190,000

072

073

072
红木嵌大理石宝座
年　　代：清
尺　　寸：长101厘米　宽69厘米　高108厘米
拍卖时间：北京舍得　2011年12月17日
　　　　　中国古典家具清代、民国红木专场拍卖会　第16号
估　　价：RMB 250,000—320,000

073
红木云蝠纹万寿宝座
年　　代：清
尺　　寸：长128厘米　宽88厘米　高130厘米
拍卖时间：日本美协　2012年5月2日
　　　　　春季中国宫廷艺术品及精品集　第537号
估　　价：JPY 6,000,000

074

075

074
红木雕博古太师椅（六件）
年　　代：清
尺　　寸：椅　长62厘米　宽47厘米　高96厘米
　　　　　几　长40厘米　宽40厘米　高80厘米
拍卖时间：北京翰海　2012年6月29日
　　　　　四季拍卖古董珍玩（一）家具、杂项专场　第1050号
估　　价：RMB 26,000
成 交 价：RMB 35,650

075
红木嵌云石靠背椅（六件）
年　　代：民国
尺　　寸：椅　长53厘米　宽43厘米　高96厘米
　　　　　几　长41厘米　宽41厘米　高79厘米
拍卖时间：北京翰海　2012年6月29日
　　　　　四季拍卖古董珍玩（一）家具、杂项专场　第1051号
估　　价：RMB 20,000
成 交 价：RMB 23,000

076

077

076
红木梅花凳
年　　代：清
尺　　寸：高45厘米
拍卖时间：中贸圣佳　2012年7月22日
　　　　　春季艺术品拍卖会古典家具专场　第1651号
估　　价：RMB 35,000—50,000
成 交 价：RMB 40,250

077
红木鼓式圆台一套
年　　代：清
尺　　寸：桌　面径65厘米　高79厘米　凳　高48厘米
拍卖时间：中贸圣佳　2012年7月22日
　　　　　春季艺术品拍卖会古典家具专场　第1673号
估　　价：RMB 100,000-180,000
成 交 价：RMB 172,500

078

红木仪仗清风龙头交椅

年　　代：清光绪

尺　　寸：长73厘米　宽69厘米　高113厘米

拍卖时间：中贸拍卖行　2012年8月8日
　　　　　古董珍玩专场　第321号

估　　价：无底价

079

红木方杌（一对）

年　　代：民国

尺　　寸：高51厘米　长41.5厘米　宽41.5厘米

拍卖时间：北京舍得　2012年9月19日
　　　　　中国古典家具——清代、民国红木专场拍卖　第2号

估　　价：RMB 15,000—20,000

078

079

080

红木圆桌凳（一套六件）

年　　代：民国

尺　　寸：圆桌　高83厘米　直径77.5厘米

　　　　　凳　高49厘米　直径36厘米

拍卖时间：北京舍得　2012年9月19日

　　　　　中国古典家具——清代、民国红木专场拍卖　第36号

估　　价：RMB 40,000—60,000

081

红木有束腰罗锅枨马蹄腿大禅凳

年　　代：清中期

尺　　寸：高48厘米　长66.5厘米　宽66.5厘米

拍卖时间：中国嘉德（香港）2012年10月7日　观华——明清古典家具及庭院陈设精品　第384号

估　　价：HKD 50,000—80,000

成 交 价：HKD 97,750

082

083

082
红木仿竹节玫瑰椅

年　　代：民国

尺　　寸：高93厘米　长59厘米　宽48厘米

拍卖时间：北京舍得　2012年9月19日

中国古典家具——清代、民国红木专场拍卖　第5号

估　　价：RMB 40,000—60,000

成 交 价：RMB 51,000

083
红木玫瑰椅（一对）

年　　代：清

尺　　寸：高85.5厘米　长56厘米　宽44.5厘米

拍卖时间：北京舍得　2012年9月19日

中国古典家具——清代、民国红木专场拍卖　第9号

估　　价：RMB 50,000—80,000

成 交 价：RMB 46,000

卧具

001

铁力木四柱马蹄腿架子床

年　　代：明末清初 17世纪

尺　　寸：高226厘米　长209厘米　宽137厘米

拍卖时间：纽约苏富比　1999年3月23日　重要的中国古典家具专场　第135号

估　　价：USD 300,000—400,000

002

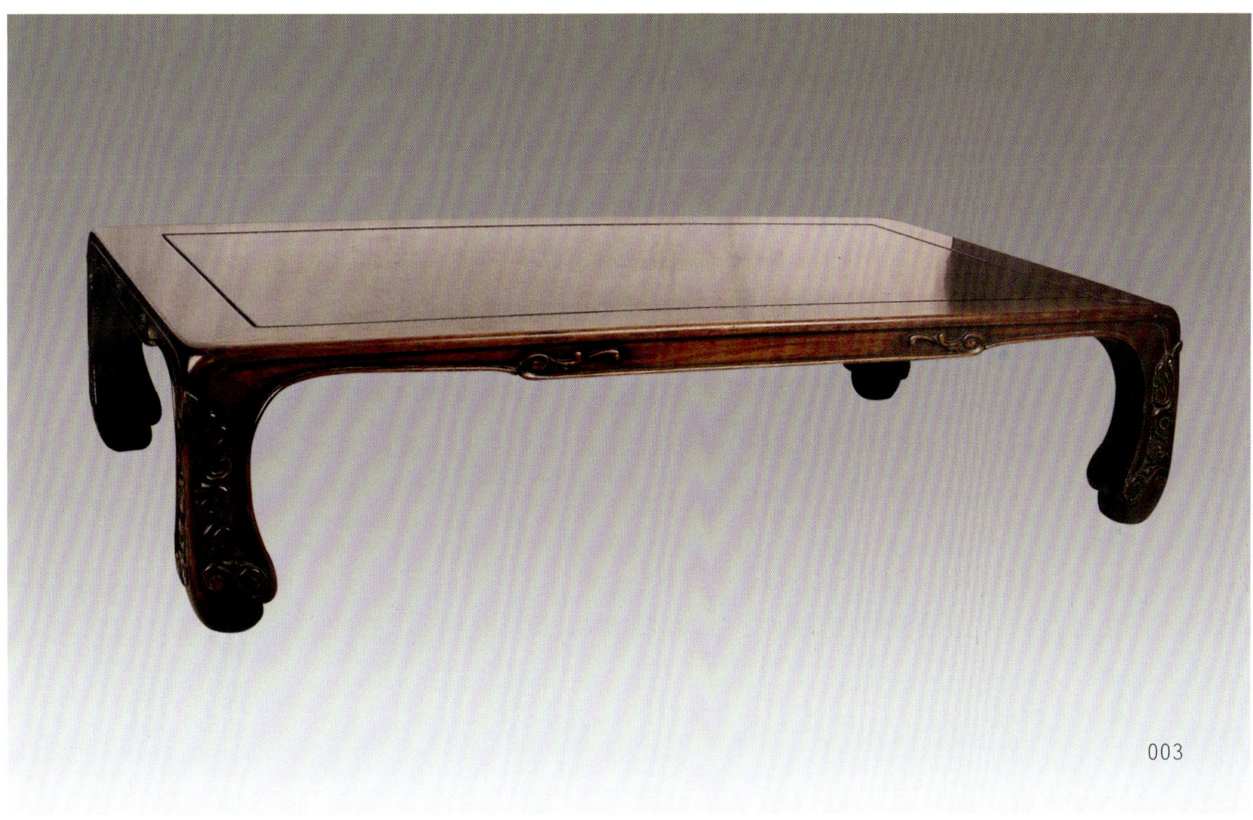

003

002

红木书卷式三人榻

年　　代：清中期

尺　　寸：长170厘米　宽66厘米　高73厘米

拍卖时间：天津国拍　2006年6月21日
　　　　　瓷器玉器 古董艺术品拍卖　第966号

估　　价：RMB 70,000—80,000

成 交 价：RMB 84,700

003

红木凉榻

年　　代：清中期

尺　　寸：高34厘米　长151.5厘米　宽90.5厘米

拍卖时间：南京正大　2006年11月26日
　　　　　古典家具瓷器玉器专场　第25号

估　　价：RMB 55,000—75,000

004

005

004
红木南官帽式笔杆床
年　　代：清
尺　　寸：高81厘米　长181厘米　宽82厘米
拍卖时间：浙江南北　2007年12月19日
　　　　　秋季艺术品拍卖会明清家具专场　第1187号
估　　价：RMB 110,000—180,000

005
红木镶云石香蕉腿罗汉床
年　　代：清
尺　　寸：长196厘米　宽113厘米　高117厘米
拍卖时间：新华富邦　2009年8月16日
　　　　　夏季艺术品拍卖会典藏家具专场　第52号
估　　价：RMB 250,000—350,000
成 交 价：RMB 240,000

006

007

006
红木镶云石七屏风罗汉床
年　　代：清
尺　　寸：长196厘米　宽112厘米　高111厘米
拍卖时间：新华富邦　2009年8月16日
　　　　　夏季艺术品拍卖会典藏家具专场　第69号
估　　价：RMB 160,000—220,000
成 交 价：RMB 200,000

007
红木七屏风嵌大理石罗汉床
年　　代：清
尺　　寸：长196厘米　宽112厘米　高111厘米
拍卖时间：新华富邦　2009年8月16日
　　　　　夏季艺术品拍卖会典藏家具专场　第77号
估　　价：RMB 80,000—120,000
成 交 价：RMB 120,000

008

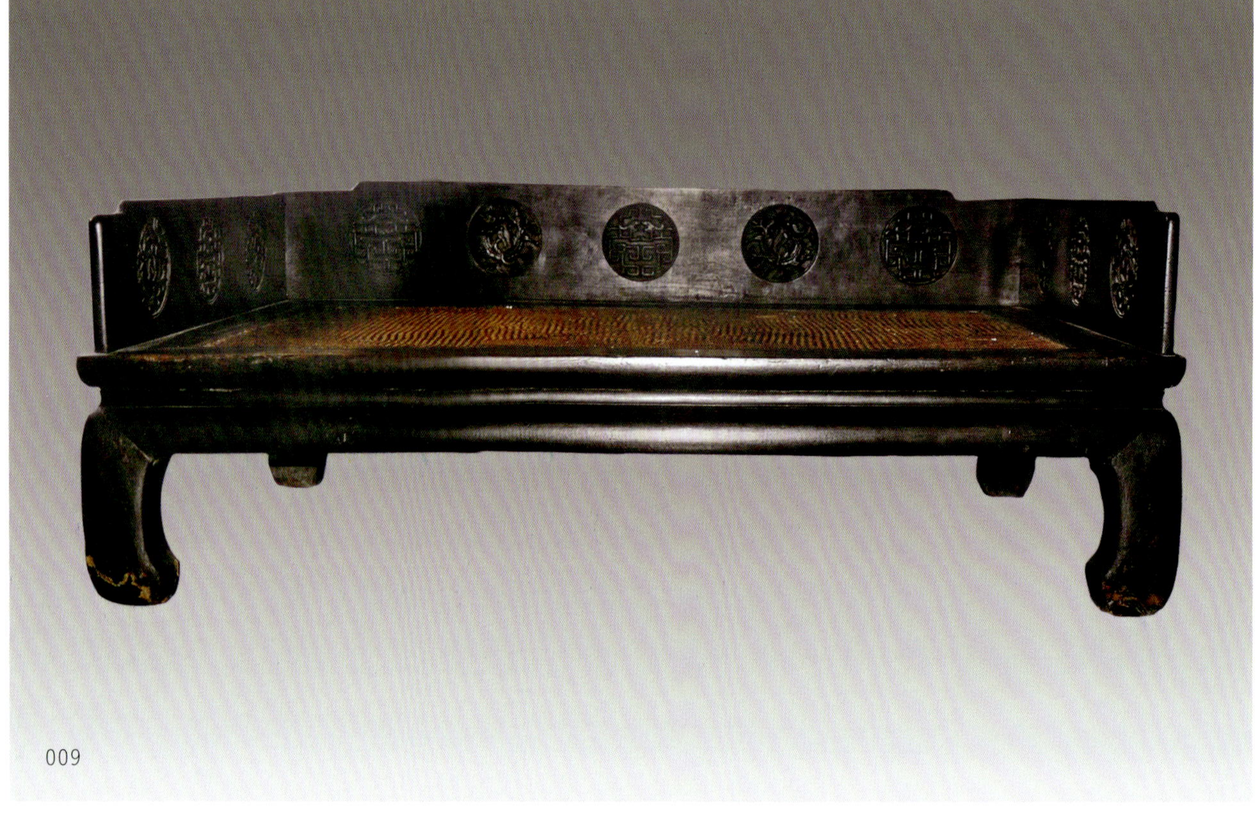

009

008

红木贵妃榻

年　　代：清

尺　　寸：长191厘米　宽90厘米　高98厘米

拍卖时间：富邦　2010年1月19日

迎春大型艺术品拍卖古木今韵——典藏家具专场　第21号

估　　价：RMB 58,000—75,000

成 交 价：RMB 58,000

009

铁力木罗汉床

年　　代：明

尺　　寸：长220厘米　宽148厘米　高83厘米

拍卖时间：北京舍得　2011年12月17日

中国古典家具清代、民国红木专场拍卖会　第84号

估　　价：RMB 250,000—300,000

010

011

010

红木雕云纹嵌理石罗汉床

年　　代：清

尺　　寸：长195厘米　宽124厘米

拍卖时间：北京歌德　2011年6月3日

香远益清——文房清供专场（一）　第702号

估　　价：RMB 200,000—250,000

011

广作红木罗汉床

年　　代：清

尺　　寸：长195厘米　宽153厘米　高120厘米

拍卖时间：1998年5月24日

估　　价：RMB 40,000—60,000

012

013

012

红木嵌大理石罗汉床

年　　代：民国

尺　　寸：长211厘米　宽126厘米　高119厘米

拍卖时间：北京翰海　2012年6月29日

四季拍卖古董珍玩（一）家具、杂项专场　第1104号

估　　价：RMB 12,000

成 交 价：RMB 24,150

013

红木雕竹节罗汉床

年　　代：清

尺　　寸：长193厘米　宽123厘米　高126厘米

拍卖时间：北京翰海　2000年7月3日　春季拍卖会中国木器家具　第1732号

估　　价：RMB 30,000—50,000

014

015

014

红木嵌大理石罗汉榻

年　　代：清

尺　　寸：长207厘米　宽112厘米　高115厘米

拍卖时间：北京翰海　2012年6月29日

四季拍卖古董珍玩（一）家具、杂项专场　第1105号

估　　价：RMB 30,000

成交价：RMB 34,500

015

红木嵌大理石香蕉腿罗汉床

年　　代：清

尺　　寸：长212厘米　宽112厘米　高89厘米

拍卖时间：中贸圣佳　2012年7月22日

春季艺术品拍卖会古典家具专场　第1677号

估　　价：RMB 60,000—100,000

成交价：RMB 80,500

016

017

016

红木美人榻

年　　代：清末

尺　　寸：长200厘米　宽87厘米　高67厘米

拍卖时间：中贸拍卖行　2012年8月8日　古董珍玩专场　第305号

估　　价：无底价

017

红木花鸟罗汉床

年　　代：清早期

尺　　寸：长222厘米　宽116厘米　高78厘米

拍卖时间：中贸拍卖行　2012年8月8日　古董珍玩专场　第322号

估　　价：无底价

018

019

018

红木兽面纹罗汉床

年　　代：清中期

尺　　寸：长212厘米　宽111厘米　高118厘米

拍卖时间：中贸拍卖行　2012年8月8日　古董珍玩专场　第309号

估　　价：无底价

019

红木罗汉床

年　　代：清晚期

尺　　寸：高75厘米　长200厘米　宽100厘米

拍卖时间：北京舍得　2012年9月19日

中国古典家具——清代、民国红木专场拍卖　第95号

估　　价：RMB 80,000—100,000

成交价：RMB 140,000

020

红木贵妃榻

年　　代：清

尺　　寸：高99厘米　长192厘米　宽87厘米

拍卖时间：北京舍得　2012年9月19日　中国古典家具——清代、民国红木专场拍卖　第96号

估　　价：RMB 80,000—120,000

成交价：RMB 136,000

放置陈设

中国古代红木家具拍卖投资考成汇典

ZHONG GUO GU DAI HONG MU JIA JU PAI MAI TOU ZI KAO CHENG HUI DIAN

001

红木半圆桌（一对）

年　　代：清晚期（广州）

尺　　寸：长86厘米　宽100厘米　高49厘米

拍卖时间：中国嘉德　1996年4月20日

春季拍卖会瓷器、玉器、鼻烟壶、工艺品专场　第913号

估　　价：RMB 22,000—32,000

成 交 价：RMB 44,000

002
红木供案式大画案
年　　代：清乾隆
尺　　寸：高86厘米　宽189.5厘米　深83.5厘米
拍卖时间：中国嘉德　1999年4月21日
　　　　　瓷器、漆器、工艺品、家具　第1206号
估　　价：RMB 100,000—150,000

003
红木条案
年　　代：清
尺　　寸：长181厘米　宽42厘米　高106厘米
拍卖时间：中国嘉德　1999年10月27日
　　　　　秋季拍卖会古典家具　第1173号
估　　价：RMB 20,000—30,000
成交价：RMB 38,500

004

005

004

红木半桌

年　　代：清晚期

尺　　寸：长94厘米　宽46厘米　高85.5厘米

拍卖时间：中国嘉德　1999年10月27日
　　　　　秋季拍卖会古典家具　第1176号

估　　价：RMB 8,000—15,000

005

红木卷式琴桌

年　　代：清晚期

尺　　寸：长116厘米　宽40厘米　高82.5厘米

拍卖时间：中国嘉德　1999年10月27日
　　　　　秋季拍卖会古典家具　第1180号

估　　价：RMB 18,000—28,000

成 交 价：RMB 16,500

006

007

006

铁力木画案

年　　代：明

尺　　寸：长200厘米　宽69厘米　高85厘米

拍卖时间：北京翰海　2000年7月3日

春季拍卖会中国木器家具　第1716号

估　　价：RMB 36,000—40,000

007

红木束腰画桌

年　　代：清

尺　　寸：长139.5厘米　宽66厘米　高84厘米

拍卖时间：中国嘉德　1999年10月27日

秋季拍卖会古典家具　第1182号

估　　价：RMB 30,000—50,000

成 交 价：RMB 30,800

008

008

红木凭儿

年　　代：清

尺　　寸：高13.8厘米　宽25厘米　深15.5厘米

拍卖时间：纽约佳士得　2002年9月20日

攻玉山房藏明式黄花梨家具专场　第6号

估　　价：USD 6,000—8,000

009

红木漆面雕梅花画案

年　　代：清

尺　　寸：长179厘米　宽65厘米　高84厘米

拍卖时间：北京翰海　2000年7月3日

春季拍卖会中国木器家具　第1718号

估　　价：RMB 45,000—50,000

009

010
红木甘蔗床
年　　代：清
尺　　寸：高33厘米　宽42.9厘米　深14厘米
拍卖时间：纽约佳士得　2002年9月20日
　　　　　攻玉山房藏明式黄花梨家具专场　第66号
估　　价：USD 20,000—25,000

011
鸡翅木炕柜（一对）
年　　代：17世纪
尺　　寸：高62.9厘米　宽50.6厘米　深26.5厘米
拍卖时间：纽约佳士得　2002年9月20日
　　　　　攻玉山房藏明式黄花梨家具专场　第30号
估　　价：USD 40,000—60,000

010

011

012

013

012
红木雕花卉梳妆台
年　　代：清中期
尺　　寸：长91厘米　宽56厘米　高126厘米
拍卖时间：天津国拍　2006年6月21日
　　　　　瓷器玉器古董艺术品拍卖　第971号
估　　价：RMB 150,000—200,000

013
红木方炕桌
年　　代：清
尺　　寸：长90厘米　宽90厘米　高35厘米
拍卖时间：北京翰海　2004年11月22日
　　　　　秋季拍卖会明清家具专场　第3104号
估　　价：RMB 18,000—22,000
成 加 价：RMB 38,500

014

015

014
红木大画桌
年　　代：清
尺　　寸：高90厘米　长183厘米　宽86厘米
拍卖时间：南京正大　2006年11月26日
古典家具瓷器玉器专场　第27号
估　　价：RMB 380,000—600,000

015
红木嵌瘿木海棠式花几
年　　代：清
尺　　寸：长65.5厘米
拍卖时间：中国嘉德　2007年12月15日
四季拍卖玉器、工艺品　第3660号
估　　价：RMB 12,000—22,000
成 交 价：RMB 13,440

016

017

016
红木嵌瘿木小几
年　　代：清
尺　　寸：长39.9厘米
拍卖时间：中国嘉德　2007年12月15日
　　　　　四季拍卖玉器、工艺品　第3661号
估　　价：无底价
成交价：RMB 15,600

017
红木小方桌
年　　代：清
尺　　寸：长89厘米
拍卖时间：中国嘉德　2007年12月15日
　　　　　四季拍卖玉器、工艺品　第3663号
估　　价：RMB 8,000—12,000
成交价：RMB 30,240

018

019

018
红木小方桌

年　　代：清
尺　　寸：长91厘米
拍卖时间：中国嘉德　2007年12月15日
　　　　　玉器工艺品　第3664号
估　　价：RMB 5,000—8,000
成 交 价：RMB 13,440

019
红木卷云纹小炕桌

年　　代：清
尺　　寸：长76厘米
拍卖时间：中国嘉德　2007年12月15日
　　　　　玉器工艺品　第3665号
估　　价：RMB 3,500—5,500
成 交 价：RMB 3,920

020

红木满工博古橱

年　　代：清

尺　　寸：长101厘米　宽36.5厘米　高157厘米

拍卖时间：浙江南北　2007年12月19日　秋季艺术品拍卖会明清家具专场　第1140号

估　　价：RMB 60,000—80,000

021

红木高低花儿

年　　代：清

尺　　寸：高91厘米　长77厘米　宽31厘米

拍卖时间：南京正大　2008年1月19日　迎春明清古典家具专场　第8号

估　　价：RMB 13,000—30,000

成 交 价：RMB 14,300

022

023

022

红木嵌黄花梨香几

年　　代：清

尺　　寸：高91厘米　长71.5厘米　宽59厘米

拍卖时间：南京正大　2008年1月19日

迎春明清古典家具专场　第6号

估　　价：RMB 68,000—98,000

成交价：RMB 74,800

023

红木圆包圆方桌

尺　　寸：高84厘米　长82.5厘米　宽82.5厘米

拍卖时间：南京正大　2008年1月19日

迎春明清古典家具专场　第 83号

估　　价：RMB 68,000—88,000

成交价：RMB 74,800

024

025

024
铁力木大供案
年　　代：明
尺　　寸：高101.5厘米　长142.5厘米　宽62.5厘米
拍卖时间：南京正大　2008年1月19日
迎春明清古典家具专场　第126号
估　　价：RMB 270,000—370,000
成交价：RMB 297,000

025
红木长方小儿
年　　代：清
尺　　寸：长36.2厘米　宽24.7厘米
拍卖时间：北京翰海　2008年5月11日
春季拍卖会寄闲楼雅玩　第1994号
估　　价：RMB 16,000—20,000
成交价：RMB 28,000

026

026
铁力木龙纹平头案
年　　代：明
尺　　寸：长107.5厘米　宽52厘米　高79厘米
拍卖时间：浙江钱塘　2008年6月8日
　　　　　春季艺术品拍卖会　第1号
估　　价：RMB 40,000—60,000

027

027
红木棋桌
年　　代：清
尺　　寸：长84厘米　宽84厘米　高84厘米
拍卖时间：浙江钱塘　2008年6月8日
　　　　　春季艺术品拍卖会　第5号
估　　价：RMB 80,000—120,000

028

028
红木龙纹棋桌
年　　代：民国
尺　　寸：长57厘米　宽57厘米　高75厘米
拍卖时间：浙江钱塘　2008年6月8日
　　　　　春季艺术品拍卖会　第22号
估　　价：RMB 60,000—80,000

029

029
红木嵌瘿木面大香几（一张）
年　　代：清
尺　　寸：长88厘米　宽52厘米　高88厘米
拍卖时间：浙江钱塘　2008年6月8日
　　　　　春季艺术品拍卖会　第33号
估　　价：RMB 60,000—80,000

030

031

030
红木灵芝纹茶儿（一对）
年　　代：清
尺　　寸：长74厘米　宽74厘米　高81厘米
拍卖时间：浙江钱塘　2008年6月8日
　　　　　春季艺术品拍卖会　第35号
估　　价：RMB 40,000—60,000

031
红木云石面诗铭百灵圆台
年　　代：清
尺　　寸：长96厘米　直径85厘米
拍卖时间：浙江钱塘　2008年6月8日
　　　　　春季艺术品拍卖会　第41号
估　　价：RMB 70,000—80,000

032

033

032
红木嵌瘿木面医生台
年　　代：清
尺　　寸：长178厘米　宽85厘米　高92厘米
拍卖时间：浙江钱塘　2008年6月8日
　　　　　春季艺术品拍卖会　第47号
估　　价：RMB 100,000—150,000

033
红木画桌
年　　代：清
尺　　寸：长140厘米　宽70厘米　高84厘米
拍卖时间：浙江钱塘　2008年6月8日
　　　　　春季艺术品拍卖会　第58号
估　　价：RMB 40,000—60,000

034

034

红木嵌瘿木面对拼圆台

年　　代：清

尺　　寸：直径76厘米　高77厘米

拍卖时间：浙江钱塘　2008年6月8日

春季艺术品拍卖会　第62号

估　　价：RMB 180,000—220,000

035

红木嵌瘿木面套儿（四只）

年　　代：清

尺　　寸：长48厘米　宽34厘米　高64厘米

拍卖时间：浙江钱塘　2008年6月8日

春季艺术品拍卖会　第83号

估　　价：RMB 120,000—160,000

035

036

红木嵌瘿木面竹筒台

年　　代：清

尺　　寸：直径91厘米　高82厘米

拍卖时间：浙江钱塘　2008年6月8日
　　　　　春季艺术品拍卖会　第71号

估　　价：RMB 120,000—150,000

037

红木云石面搁台

年　　代：清

尺　　寸：长155厘米　宽67厘米　高82厘米

拍卖时间：浙江钱塘　2008年6月8日
　　　　　春季艺术品拍卖会　第109号

估　　价：RMB 40,000—50,000

036

037

038

038
红木石面圆形花儿
年　　代：清
尺　　寸：直径62厘米　高75厘米
拍卖时间：浙江钱塘　2008年6月8日　春季艺术品拍卖会　第147号
估　　价：RMB 30,000—40,000

039
红木拱璧纹半桌
年　　代：清
尺　　寸：长96厘米　宽50厘米　高83厘米
拍卖时间：浙江钱塘　2008年6月8日　春季艺术品拍卖会　第144号
估　　价：RMB 15,000—20,000

039

040

红木灵芝三弯腿方桌

年　　代：清

尺　　寸：长100厘米　宽100厘米　高84厘米

拍卖时间：浙江钱塘　2008年6月8日

　　　　　春季艺术品拍卖会　第157号

估　　价：RMB 100,000—120,000

041

红木嵌瘿木拱璧纹方台配四凳

年　　代：清

尺　　寸：台　长78厘米　宽78厘米　高78厘米

　　　　　凳　长38厘米　宽38厘米　高47厘米

拍卖时间：浙江钱塘　2008年6月8日　春季艺术品拍卖会　第64号

估　　价：RMB 500,000—600,000

040

041

042

红木蛋圆八灵台

年　　代：清

尺　　寸：面径86厘米　高86厘米

拍卖时间：新华富邦　2009年8月16日　夏季艺术品拍卖会典藏家具专场　第1号

估　　价：RMB 100,000—150,000

成交价：RMB 130,000

043

红木嵌黄杨竹节长橱

年　　代：清

尺　　寸：长108厘米　宽62厘米　高237厘米

拍卖时间：新华富邦　2009年8月16日　夏季艺术品拍卖会典藏家具专场　第10号

估　　价：RMB 250,000—350,000

成交价：RMB 392,000

044

044
红木竹节博古儿
年　　代：清
尺　　寸：长72厘米　宽38厘米　高73厘米
拍卖时间：新华富邦　2009年8月16日
　　　　　夏季艺术品拍卖会典藏家具专场　第19号
估　　价：RMB 80,000—120,000
成 交 价：RMB 123,200

045
红木拐子龙瘿木面方桌
年　　代：清
尺　　寸：长85厘米　宽85厘米　高82厘米
拍卖时间：新华富邦　2009年8月16日
　　　　　夏季艺术品拍卖会典藏家具专场　第18号
估　　价：RMB 100,000—150,000
成 交 价：RMB 150,000

045

046

红木半圆桌

年　　代：清

尺　　寸：高83厘米

拍卖时间：北京金懋　2009年6月28日

古董珍玩　第498号

估　　价：RMB 3,000—5,000

047

红木云石面龙纹圆桌配圆凳（四只）

年　　代：清

尺　　寸：桌　面径85厘米　高84厘米

凳　面径37厘米　高49厘米

拍卖时间：新华富邦　2009年8月16日

夏季艺术品拍卖会典藏家具专场　第40号

估　　价：RMB 400,000—550,000

成 交 价：RMB 480,000

046

047

048

048

红木镶石面香儿

年　　代：清中期

尺　　寸：长62厘米　宽62厘米　高87厘米

拍卖时间：新华富邦　2009年8月16日
夏季艺术品拍卖会典藏家具专场　第27号

估　　价：RMB 120,000—160,000

成 交 价：RMB 150,000

049

红木炕儿

年　　代：民国

尺　　寸：长92厘米　宽46厘米　高35厘米

拍卖时间：新华富邦　2009年8月16日
夏季艺术品拍卖会典藏家具专场　第38号

估　　价：RMB 20,000—30,000

成 交 价：RMB 28,000

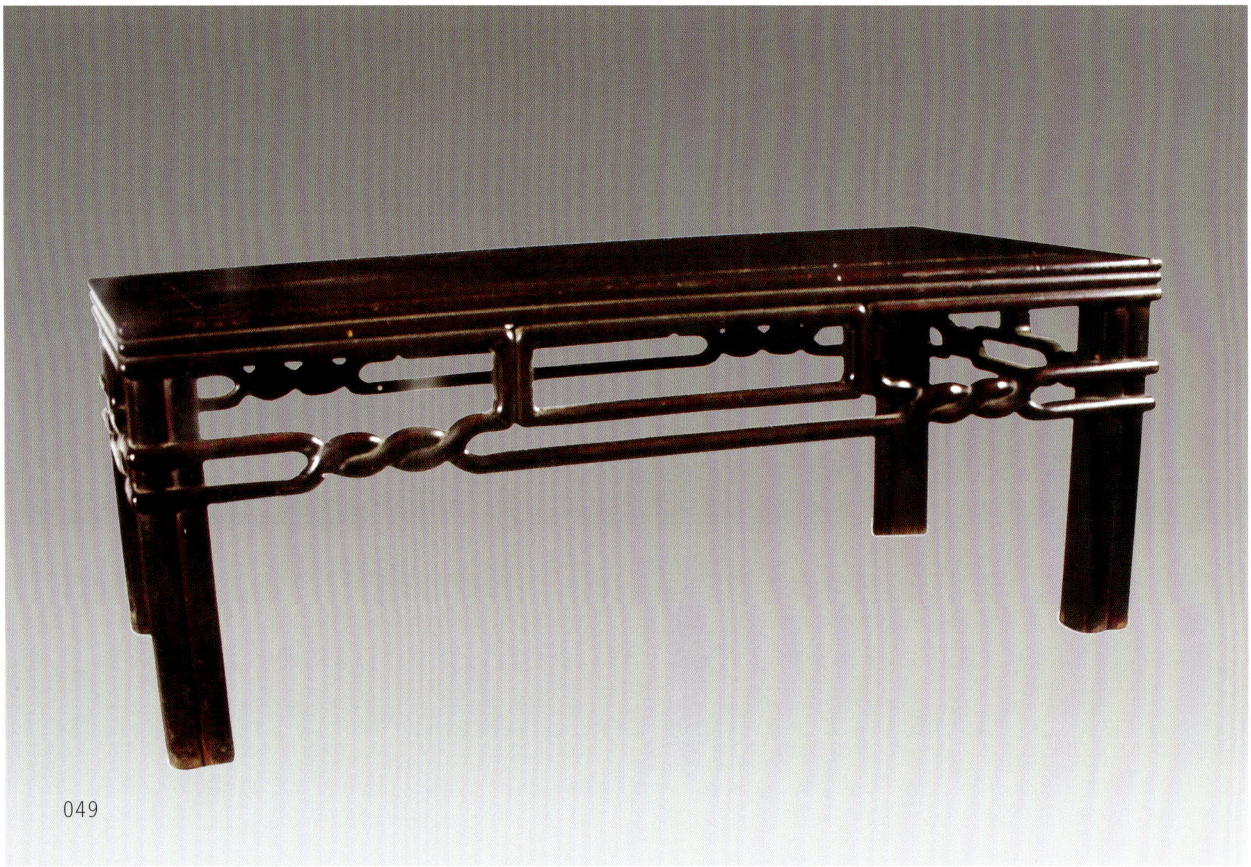

049

050
红木镶瘿木面五脚圆桌
年　　代：清
尺　　寸：长96厘米　宽96厘米　高86厘米
拍卖时间：新华富邦　2009年8月16日
　　　　　夏季艺术品拍卖会典藏家具专场　第71号
估　　价：RMB 150,000—250,000
成 交 价：RMB 150,000

051
红木三镶云石面搁台
年　　代：清
尺　　寸：长164厘米　宽82厘米　高82厘米
拍卖时间：新华富邦　2009年8月16日
　　　　　夏季艺术品拍卖会典藏家具专场　第61号
估　　价：RMB 100,000—150,000
成 交 价：RMB 145,600

050

051

052

红木书橱

年　　代：清中期

尺　　寸：长103厘米　宽58厘米　高201厘米

拍卖时间：新华富邦　2009年8月16日

夏季艺术品拍卖会典藏家具专场　第48号

估　　价：RMB 75,000—100,000

成 交 价：RMB 85,000

053

红木多格博古橱

年　　代：清

尺　　寸：长80厘米　宽42厘米　高185厘米

拍卖时间：新华富邦　2009年8月16日

夏季艺术品拍卖会典藏家具专场　第56号

估　　价：RMB 50,000—80,000

成 交 价：RMB 60,000

054

055

054
红木镶瘿木面半桌
年　　代：民国
尺　　寸：长90厘米　宽45厘米　高82厘米
拍卖时间：新华富邦　2009年8月16日
夏季艺术品拍卖会典藏家具专场　第73号
估　　价：RMB 60,000—100,000
成 交 价：RMB 67,200

055
红木三节长橱（一对）
年　　代：清末民初
尺　　寸：长120厘米　宽58厘米　高246厘米
拍卖时间：新华富邦　2009年8月16日
夏季艺术品拍卖会典藏家具专场　第75号
估　　价：RMB 100,000—180,000
成 交 价：RMB 140,000

056

057

056

红木九灵芝鳄鱼脚八仙桌

年　　代：清

尺　　寸：长100厘米　宽100厘米　高84厘米

拍卖时间：新华富邦　2009年8月16日
夏季艺术品拍卖会典藏家具专场　第91号

估　　价：RMB 100,000—150,000

成 交 价：RMB 140,000

057

红木云石面绣橱

年　　代：清

尺　　寸：长78厘米　宽47厘米　高78厘米

拍卖时间：新华富邦　2009年8月16日
夏季艺术品拍卖会典藏家具专场　第101号

估　　价：RMB 9,000—13,000

成 交 价：RMB 15,000

058

059

058

老红木雕福寿双全纹八仙桌

年　　代：清

尺　　寸：台面　长98厘米　高98厘米

拍卖时间：2010年1月3日　上海大众

第2届精品古董拍卖会新海上雅集——海上集珍　第908号

估　　价：RMB 55,000

059

红木仿藤鼓式桌凳（三件）

年　　代：清中期

尺　　寸：宽76.6厘米　高78.5厘米

拍卖时间：北京翰海　2009年11月10日

十五周年庆典拍卖会明清家具　第2816号

估　　价：RMB 200,000—300,000

成 交 价：RMB 224,000

060

061

060
红木茶儿
年　代：清
尺　寸：长55厘米　宽34厘米
拍卖时间：歌德　2009年11月22日　文房清供　第1265号
估　价：RMB 35,000—50,000

061
红木茶台一套（一桌四椅）
年　代：民国
尺　寸：桌　高67厘米　直经100厘米
　　　　椅　高88厘米
拍卖时间：南京正大　2010年1月17日
　　　　春季明清古典家具专场　第12号
估　价：RMB 92,000—112,000
成交价：RMB 103,960

062

062
红木花台（两件）
年　　代：清
尺　　寸：长29.5厘米　宽29.5厘米　高144.8厘米
拍卖时间：北京翰海　2009年11月10日
十五周年庆典拍卖会明清家具　第2809号
估　　价：RMB 30,000—50,000
成交价：RMB 106,400

063

063
红木佛龛
年　　代：清
尺　　寸：高75厘米
拍卖时间：北京保利（第九期）2009年12月21—22日
玉器工艺器　第3942号
估　　价：RMB 5,000—8,000
成交价：RMB 20,400

064

红木平头案发（二件）

年　　代：清中期

尺　　寸：长137厘米　宽31厘米　高81厘米

拍卖时间：北京翰海　2009年11月10日　十五周年庆典拍卖会明清家具　第2817号

估　　价：RMB 600,000—800,000

成 交 价：RMB 1,030,400

065

066

065
红木拐子龙平头案
年　　代：清
尺　　寸：高110.5厘米　长325.5厘米　宽51厘米
拍卖时间：南京正大　2010年1月17日
　　　　　春季明清古典家具专场　第11号
估　　价：RMB 1,360,000—1,660,000
成 交 价：RMB 1,695,600

066
红木雕卷云纹平头炕桌
年　　代：清中期
尺　　寸：长92厘米
拍卖时间：2010年1月3日　上海大众
　　　　　第2届精品古董拍卖会新海上雅集——海上集珍　第906号
估　　价：RMB 45,000

067

068

067
红木蛋圆纹八仙桌

年　　代：清
尺　　寸：长99厘米　宽99厘米　高84厘米
拍卖时间：富邦　2010年1月19日
　　　　　迎春大型艺术品拍卖古木今韵——典藏家具专场　第11号
估　　价：RMB 120,000—180,000
成交价：RMB 120,000

068
红木镶瘿木福寿双全纹八仙桌

年　　代：清
尺　　寸：长96厘米　宽96厘米　高84厘米
拍卖时间：富邦　2010年1月19日
　　　　　迎春大型艺术品拍卖古木今韵——典藏家具专场　第17号
估　　价：RMB 160,000—220,000
成交价：RMB 200,000

069

070

069
红木盘肠纹竹筒台
年　　代：清
尺　　寸：面径96厘米　高82.5厘米
拍卖时间：富邦　2010年1月19日
迎春大型艺术品拍卖古木今韵——典藏家具专场　第26号
估　　价：RMB 100,000—150,000
成交价：RMB 100,000

070
红木镶瘿木四拼长圆桌
年　　代：民国
尺　　寸：长222厘米　宽111厘米　高83厘米
拍卖时间：富邦　2010年1月19日
迎春大型艺术品拍卖古木今韵——典藏家具专场　第140号
估　　价：RMB 500,000—700,000
成交价：RMB 550,000

071
红木账桌
年　　代：清
尺　　寸：长115厘米　宽60厘米　高82.5厘米
拍卖时间：富邦　2010年1月19日
　　　　　迎春大型艺术品拍卖古木今韵——典藏家具专场　第151号
估　　价：RMB 15,000—20,000
成交价：RMB 20,000

072
红木霸王枨半桌（一对）
年　　代：清早期
尺　　寸：长90厘米　宽45厘米　高84厘米
拍卖时间：富邦　2010年1月19日
　　　　　迎春大型艺术品拍卖古木今韵——典藏家具专场　第183号
估　　价：RMB 380,000—480,000
成交价：RMB 510,000

073

073
红木花儿（一对）
年　　代：清
尺　　寸：长33厘米　宽33厘米　高89厘米
拍卖时间：浙江佳宝　2010年6月6日
　　　　　宫廷典藏家具拍卖专场　第3号
估　　价：RMB 50,000—40,000
成 交 价：RMB 28,000

074
红木双龙戏珠方桌
年　　代：明
尺　　寸：高83.5厘米　长98厘米　宽98厘米
拍卖时间：南京正大　2010年5月23日
　　　　　春季明清古典家具专场　第30号
估　　价：RMB 116,000—136,000
成 交 价：RMB 129,000

074

075

红木香几

年　　代：清
尺　　寸：长72.3厘米　宽33厘米　高84厘米
拍卖时间：浙江佳宝　2010年6月6日
　　　　　长物江南宫廷典藏家具拍卖专场　第1号
估　　价：RMB 50,000—100,000
成 交 价：RMB 168,000

076

红木嵌掐丝珐琅方凳

年　　代：清中期
尺　　寸：高51.5厘米
拍卖时间：华辰拍卖　2010年5月15日
　　　　　荷香书屋拾珍——张宗宪先生收藏　第1061号
估　　价：RMB 180,000—280,000

075

076

077

078

077
红木云石面圆台
年　　代：清
尺　　寸：直径78厘米　高80.5厘米
拍卖时间：浙江佳宝　2010年6月6日
　　　　　宫廷典藏家具拍卖专场　第66号
估　　价：RMB 250,000—350,000
成交价：RMB 425,600

078
红木瘿木面八边形一台四凳
年　　代：清
尺　　寸：直径86厘米　宽39厘米　高92厘米　面径47厘米
拍卖时间：浙江佳宝　2010年6月6日
　　　　　宫廷典藏家具拍卖专场　第72号
估　　价：RMB 200,000—300,000
成交价：RMB 224,000

079

080

079
红木鳄鱼灵芝八仙台
年　　代：清
尺　　寸：长84.5厘米　高98.5厘米
拍卖时间：浙江佳宝　2010年6月6日
　　　　　宫廷典藏家具拍卖专场　第73号
估　　价：RMB 250,000—300,000
成交价：RMB 280,000

080
红木马鞍桌
年　　代：清
尺　　寸：长123厘米　宽66厘米　高83厘米
拍卖时间：浙江佳宝　2010年6月6日
　　　　　宫廷典藏家具拍卖专场　第75号
估　　价：RMB 20,000—30,000

081
红木西式半桌
年　　代：清
尺　　寸：长101厘米　宽39厘米　高70厘米
拍卖时间：浙江佳宝　2010年6月6日
　　　　　宫廷典藏家具拍卖专场　第16号
估　　价：RMB 20,000—30,000
成 交 价：RMB 42,560

082
红木瘿木面方儿
年　　代：清
尺　　寸：长48厘米　宽48厘米　高77厘米
拍卖时间：浙江佳宝　2010年6月6日
　　　　　宫廷典藏家具拍卖专场　第14号
估　　价：RMB 20,000—40,000
成 交 价：RMB 22,400

081

082

083

红木瘿木面灵芝纹圆台

年　　代：清
尺　　寸：高77.5厘米　直径68.5厘米
拍卖时间：南京正大　2010年9月26日
　　　　　春季明清古典家具专场　第98号
估　　价：RMB 156,000— 196,000
成 交 价：RMB 174,720

084

红木西式茶儿（一对）

年　　代：清
尺　　寸：长61厘米　宽32厘米　高70厘米
拍卖时间：浙江佳宝　2010年6月6日
　　　　　宫廷典藏家具拍卖专场　第18号
估　　价：RMB 20,000—50,000
成 交 价：RMB 123,200

083

084

085

086

085

红木三镶云石画面案

年　　代：清

尺　　寸：长168厘米　宽70厘米　高84厘米

拍卖时间：浙江佳宝　2010年6月6日

　　　　　宫廷典藏家具拍卖专场　第86号

估　　价：RMB 500,000—700,000

成 交 价：RMB 560,000

086

红木瘿木面圆台

年　　代：清

尺　　寸：高19厘米　直径58.5厘米

拍卖时间：浙江保利　2010年7月5日

　　　　　文房清玩　第102号

估　　价：RMB 22,000—25,000

087

088

087
铁力木大案
年　　代：清
尺　　寸：高98厘米　长325厘米　宽68厘米
拍卖时间：南京正大　2010年9月26日
　　　　　春季明清古典家具专场　第100号
估　　价：RMB 780,000—980,000
成交价：RMB 896,000

088
红木花几（一对）
年　　代：民国
尺　　寸：高27厘米
拍卖时间：浙江保利　2010年7月5日
　　　　　文房清玩　第99号
估　　价：RMB 20,000—25,000

089

090

089
红木嵌黄杨木龙纹小方桌
年　　代：清中期
尺　　寸：长90厘米　宽90厘米　高79厘米
拍卖时间：歌德　2010年11月19日　文房清供　第913号
估　　价：RMB 50,000—80,000
成交价：RMB 56,000

090
红木雕灵芝八仙桌
年　　代：清
尺　　寸：长98厘米　宽96厘米　高84厘米
拍卖时间：歌德　2010年11月19日　文房清供　第914号
估　　价：RMB 80,000—120,000
成交价：RMB 89,600

091
红木拐子龙纹画案
年　　代：清
尺　　寸：长167厘米　宽81.5厘米　高88厘米
拍卖时间：歌德　2010年11月19日　文房清供　第915号
估　　价：RMB 80,000—120,000
成交价：RMB 134,400

092
红木理石面嵌螺钿半桌
年　　代：清
尺　　寸：长94.5厘米　宽52厘米　高82厘米
拍卖时间：歌德　2010年11月19日　文房清供　第920号
估　　价：RMB 60,000—80,000

093

093

红木打洼香儿

年　　代：清乾隆

尺　　寸：长54厘米　宽40厘米　高88.5厘米

拍卖时间：北京舍得　2010年12月16日

中国明清家具专场拍卖会　第75号

估　　价：RMB 80,000—100,000

094

红木大画桌

年　　代：清

尺　　寸：长182.5厘米　宽88厘米　高88厘米

拍卖时间：西泠印社　2010年12月14日

文房清玩——古玩杂件专场　第2781号

估　　价：RMB 600,000—700,000

成 交 价：RMB 784,000

094

095
红木菱纹高杆烛台（一对）
年　　代：清
尺　　寸：高103.9厘米
拍卖时间：福建省拍卖行　2010年12月26日
　　　　　闲情偶寄——古董珍玩专场　第550号
估　　价：RMB 30,000—40,000
成 交 价：RMB 61,600

096
红木香几（一对）
年　　代：清
尺　　寸：长40厘米　宽40厘米　高90厘米
拍卖时间：北京舍得　2010年12月16日
　　　　　中国明清家具专场拍卖会　第73号
估　　价：RMB 30,000—40,000

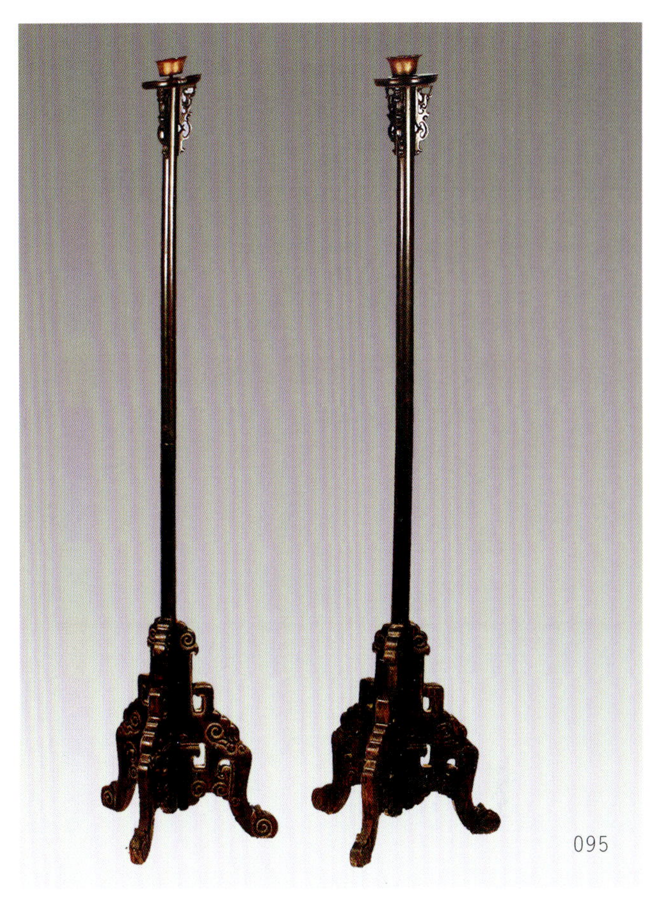
095

096

097

098

097

红木嵌瘿木大地桌

年　　代：清中期

尺　　寸：直经98厘米

拍卖时间：北京保利（第十四期）2011年4月16日
京华余晖——清宫木器杂项　第449号

估　　价：无底价

成 交 价：RMB 402,500

098

红木雕夔龙饕餮纹“颐和园事务所”款方几

年　　代：清乾隆

尺　　寸：高50厘米

拍卖时间：北京保利（第十四期）2011年4月16日
京华余晖——清宫木器杂项　第450号

估　　价：无底价

成 交 价：RMB 368,800

099

100

099
红木双拼圆桌
年　　代：清
尺　　寸：高77厘米　径83厘米
拍卖时间：南京正大　2011年4月23日
　　　　　春季明清古典家具专场　第89号
估　　价：RMB 88,000—128,000
成 交 价：RMB 103,000

100
红木雕拐子龙香几
年　　代：民国
尺　　寸：高91厘米　长57.5厘米　宽27厘米
拍卖时间：南京正大　2011年4月23日
　　　　　春季明清古典家具专场　第107号
估　　价：RMB 18,000—28,000
成 交 价：RMB 21,000

101

102

101

红木嵌青花莲托八吉祥纹瓷板方桌

年　　代：清（18—19世纪）

尺　　寸：高83.8厘米　长78.8厘米　宽77.5厘米

拍卖时间：伦敦佳士得　2011年5月10日

重要中国瓷器及工艺品　第199号

估　　价：GBP 30,000—50,000

成交价：GBP 61,250

102

红木罗锅枨带矮老方桌

年　　代：清中期

尺　　寸：高85厘米　长93厘米　宽93厘米

拍卖时间：北京歌德　2011年6月3日

香远益清——文房清供专场（一）　第697号

估　　价：RMB 30,000—50,000

103

104

103
红木罗锅枨方桌
年　　代：清中期
尺　　寸：高86厘米　长93厘米　宽93厘米
拍卖时间：北京歌德　2011年6月3日
香远益清——文房清供专场（一）　第698号
估　　价：RMB 30,000—35,000

104
红木罗锅枨带矮佬方桌
年　　代：清中期
尺　　寸：长93厘米　宽93厘米　高85厘米
拍卖时间：北京歌德　2011年6月3日
香远益清——文房清供专场（一）　第697号
估　　价：RMB 30,000—50,000

105

106

105
红木六腿团花半圆桌
年　　代：清
尺　　寸：面径100厘米　高87厘米
拍卖时间：北京歌德　2011年6月3日
　　　　　香远益清——文房清供专场（一）　第696号
估　　价：RMB 250,000—280,000

106
红木仿竹节圆桌
年　　代：清末
尺　　寸：面径84厘米　高80厘米
拍卖时间：北京歌德　2011年6月3日
　　　　　香远益清——文房清供专场（一）　第695号
估　　价：RMB 32,000—38,000

107

108

107

红木牌桌

年　　代：民国

尺　　寸：高84厘米　长94厘米　宽94厘米

拍卖时间：中国嘉德四季　2011年6月20日

佳器遗构——明清家具构件及古典家具专场　第5403号

估　　价：RMB 无底价

成 交 价：RMB 10,350

108

红木方桌

年　　代：清

尺　　寸：高83厘米

拍卖时间：中国嘉德四季　2011年6月20日

佳器遗构——明清家具构件及古典家具专场　第5404号

估　　价：RMB 无底价

成 交 价：RMB 17,250

109

110

109
红木理石面半桌
年　　代：清
尺　　寸：高86厘米　长95厘米　宽47厘米
拍卖时间：中国嘉德四季　2011年6月20日
　　　　　佳器遗构——明清家具构件及古典家具专场　第5405号
估　　价：无底价
成 交 价：RMB 71,300

110
红木双联花儿（一对）
尺　　寸：高83厘米
拍卖时间：中国嘉德四季　2011年6月20日
　　　　　佳器遗构——明清家具构件及古典家具专场　第5406号
估　　价：RMB 20,000—30,000
成 交 价：RMB 48,300

111

112

111
红木云石面半圆桌
年　　代：清早期
尺　　寸：高81厘米　长68厘米
拍卖时间：北京保利（第十六期） 2011年10月22日
异趣交融——中西古典家具　第543号
估　　价：RMB 10,000—20,000
成交价：RMB 34,500

112
红木镂雕如意纹琴桌
年　　代：清中期
尺　　寸：长121厘米
拍卖时间：太平洋　2011年12月17日
怀古论今——重要明清杂项及工艺品专场　第1032号
估　　价：RMB 60,000

113

114

113

红木大理石嵌螺钿香几（一对）

年　　代：清早期

尺　　寸：高98厘米　长57厘米　宽46.5厘米

拍卖时间：北京保利 （第十六期）2011年10月22日

异趣交西古典家具　第542号

估　　价：RMB 15,000—25,000

成 交 价：RMB 17,250

114

红木雕如意纹方几

年　　代：清

尺　　寸：高30厘米

拍卖时间：北京匡时　2011年9月17日

撷来锦绣——永源斋藏古代器物配件专场　第2743号

估　　价：无底价

成 交 价：RMB 31,050

115

116

115
红木花儿（一对）
年　　代：清
尺　　寸：高78.5厘米　长40.5厘米　宽40.5厘米
拍卖时间：北京保利（第十六期）2011年10月22日
异趣交融——中西古典家具　第552号
估　　价：RMB 5,000—8,000
成 交 价：RMB 40,250

116
红木镶云石写字台
年　　代：清
尺　　寸：高84厘米　长190厘米　宽90厘米
拍卖时间：北京保利（第十六期）2011年10月22日
异趣交融——中西古典家具　第570号
估　　价：RMB 20,000—30,000
成 交 价：RMB 40,280

117

118

117

红木雕夔龙瘿木面方桌

年　　代：清

尺　　寸：长94.5厘米　宽92.5厘米　高90厘米

拍卖时间：北京舍得　2011年12月17日

中国古典家具清代、民国红木专场拍卖会　第33号

估　　价：RMB 80,000—120,000

118

红木拐子龙条桌

年　　代：清

尺　　寸：长143.5厘米　宽51.5厘米　高82厘米

拍卖时间：北京舍得　2011年12月17日

中国古典家具清代、民国红木专场拍卖会　第23号

估　　价：RMB 35,000—50,000

119

120

119
红木裹腿半桌
年　　代：清
尺　　寸：长100厘米　宽47厘米　高83厘米
拍卖时间：北京舍得　2011年12月17日
中国古典家具清代、民国红木专场拍卖会　第29号
估　　价：RMB 30,000—40,000

120
红木架几案
年　　代：清
尺　　寸：长166厘米　宽67厘米　高83厘米
拍卖时间：北京舍得　2011年12月17日
中国古典家具清代、民国红木专场拍卖会　第58号
估　　价：RMB 60,000—80,000

121

122

121
红木镶瘿木面五足香几
年　　代：清
尺　　寸：面径46厘米　高102厘米
拍卖时间：北京舍得　2011年12月17日
　　　　　中国古典家具清代、民国红木专场拍卖会　第75号
估　　价：RMB 180,000—250,000

122
红木卷云纹地桌
年　　代：清
尺　　寸：直径97厘米　高38厘米
拍卖时间：北京舍得　2011年12月17日
　　　　　中国古典家具清代、民国红木专场拍卖会　第48号
估　　价：RMB 60,000—90,000

123

124

123

红木嵌瘿木九棱香几（一对）

年　　代：清

尺　　寸：面径39厘米　高82厘米

拍卖时间：北京舍得　2011年12月17日

中国古典家具清代、民国红木专场拍卖会　第73号

估　　价：RMB 120,000—150,000

124

红木嵌大理石面书桌

年　　代：清

尺　　寸：长140厘米　宽70厘米　高84厘米

拍卖时间：北京舍得　2011年12月17日

中国古典家具清代、民国红木专场拍卖会　第44号

估　　价：RMB 60,000—80,000

125

126

125
红木套儿
年　　代：清
尺　　寸：长51厘米　宽37厘米　高74厘米
拍卖时间：北京舍得　2011年12月17日
中国古典家具清代、民国红木专场拍卖会　第76号
估　　价：RMB 60,000—80,000

126
红木下卷案
年　　代：清
尺　　寸：长156厘米　宽42厘米　高105厘米
拍卖时间：2006年11月19日
估　　价：RMB 50,000
成交价：RMB 55,000

127

128

127

红木镶大理石下卷琴桌

年　　代：清

尺　　寸：长135厘米　宽42厘米　高83.5厘米

拍卖时间：北京舍得　2011年12月17日

中国古典家具清代、民国红木专场拍卖会　第26号

估　　价：RMB 20,000—30,000

128

红木夔龙纹条案

年　　代：清

尺　　寸：长196.5厘米　宽57厘米　高87厘米

拍卖时间：北京舍得　2011年12月17日

中国古典家具清代、民国红木专场拍卖会　第64号

估　　价：RMB 80,000—120,000

129

130

129

红木有束腰雕龙纹条桌

年　　代：清

尺　　寸：长138厘米　宽58厘米　高82厘米

拍卖时间：北京舍得　2011年12月17日

中国古典家具清代、民国红木专场拍卖会　第52号

估　　价：RMB 35,000—45,000

130

红木有束腰卷叶足方桌

年　　代：清

尺　　寸：长77.5厘米　宽77.5厘米　高78.5厘米

拍卖时间：北京舍得　2011年12月17日

中国古典家具清代、民国红木专场拍卖会　第36号

估　　价：RMB 60,000—80,000

131

132

131

红木雕花画案

年　　代：清

尺　　寸：长155厘米　宽78厘米　高85厘米

拍卖时间：2000年11月5日

估　　价：RMB 50,000—55,000

132

红木雕灵芝纹卷书案

年　　代：清

尺　　寸：长164厘米　宽80厘米　高84厘米

拍卖时间：1998年5月24日

估　　价：RMB 50,000—60,000

133

134

133
红木镂雕如意纹琴桌
年　　代：清中期
尺　　寸：长121厘米
拍卖时间：太平洋　2011年12月17日
　　　　　怀古论今——重要明清杂项及工艺品专场　第1032号
估　　价：RMB 60,000

134
红木炕几
年　　代：清
尺　　寸：高26厘米　长73.5厘米　宽39.5厘米
拍卖时间：宁波富邦　2012年2月11日　典藏家具　第322号
估　　价：RMB 8,000—15,000
成 交 价：RMB 56,000

135

136

135
红木雕龙八仙桌（一对）
年　　代：民国
尺　　寸：高84厘米　长99厘米　宽98厘米
拍卖时间：宁波富邦　2012年2月11日　典藏家具　第328号
估　　价：RMB 480,000—720,000
成 交 价：RMB 784,000

136
红木吉祥草纹半桌
年　　代：清
尺　　寸：高89厘米　长90厘米　宽44厘米
拍卖时间：宁波富邦　2012年2月11日　典藏家具　第333号
估　　价：RMB 15,000—28,000
成 交 价：RMB 32,480

137

138

137
红木有托泥香儿（一对）

年　　代：清乾隆
尺　　寸：高52厘米　长42厘米　宽38厘米
拍卖时间：宁波富邦　2012年2月11日
　　　　　典藏家具　第343号
估　　价：RMB 200,000—300,000
成交价：RMB 358,4000

138
红木及花木嵌粉彩八吉祥纹瓷板琴桌

年　　代：晚清
尺　　寸：长141.5厘米　宽54厘米
　　　　　高83.5厘米
拍卖时间：巴黎佳士得　2012年6月12日
　　　　　亚洲艺术　第97号
估　　价：EUR 15,000—20,000

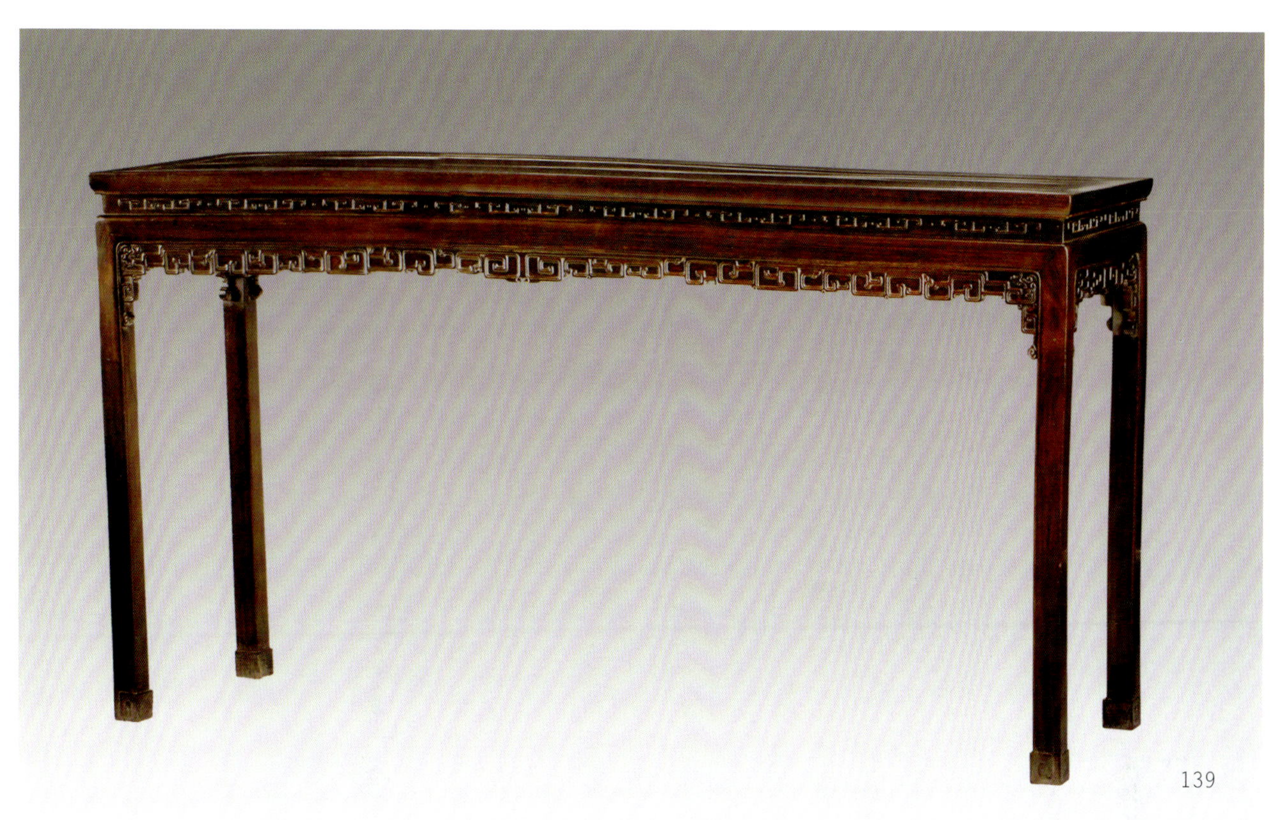

139

140

139

红木有束腰雕拐子纹条桌

年　　代：民国

尺　　寸：高83厘米　长173.5厘米　宽43厘米

拍卖时间：北京舍得　2012年6月17日

明清黄花梨、红木专场拍卖　第21号

估　　价：RMB 40,000—60,000

140

红木有束腰雕螭纹半桌

年　　代：民国

尺　　寸：高83厘米　长92厘米　宽41厘米

拍卖时间：北京舍得　2012年6月17日

明清黄花梨、红木专场拍卖　第12号

估　　价：RMB 40,000—60,000

成 交 价：RMB 70,000

141

142

141

红木高束腰供桌

年　　代：清中期

尺　　寸：高76厘米　长150厘米　宽57.5厘米

拍卖时间：北京舍得　2012年6月17日

明清黄花梨、红木专场拍卖　第22号

估　　价：RMB 200,000—280,000

142

红木有束腰霸王枨画案

年　　代：民国

尺　　寸：高83厘米　长160厘米　宽69厘米

拍卖时间：北京舍得　2012年6月17日

明清黄花梨、红木专场拍卖　第23号

估　　价：RMB 50,000—80,000

143

144

143
红木雕夔纹半桌
年　　代：民国
尺　　寸：高85厘米　长93厘米　宽47厘米
拍卖时间：北京舍得　2012年6月17日
　　　　　明清黄花梨、红木专场拍卖　第25号
估　　价：RMB 30,000—50,000

144
红木下卷琴桌
年　　代：清
尺　　寸：高82厘米　长90厘米　宽55厘米
拍卖时间：北京舍得　2012年6月17日
　　　　　明清黄花梨、红木专场拍卖　第26号
估　　价：RMB 50,000—60,000

145

145
红木博古架
年　　代：清
尺　　寸：高173厘米　长70厘米　宽27.5厘米
拍卖时间：北京舍得　2012年6月17日
　　　　　明清黄花梨、红木专场拍卖　第58号
估　　价：RMB 40,000—60,000

146
红木雕龙纹下卷琴桌
年　　代：清
尺　　寸：高82厘米　长119.5厘米　宽40.5厘米
拍卖时间：北京舍得　2012年6月17日
　　　　　明清黄花梨、红木专场拍卖　第30号
估　　价：RMB 60,000—80,000

146

147
红木嵌大理石转圆桌
年　　代：民国
尺　　寸：长94厘米　宽94厘米　高83厘米
拍卖时间：北京翰海　2012年6月29日
　　　　　四季拍卖古董珍玩（一）家具、杂项专场　第1016号
估　　价：RMB 15,000
成 交 价：RMB 29,900

148
红木雕灵芝纹卷书琴桌
年　　代：民国
尺　　寸：高83厘米　长125.5厘米　宽40厘米
拍卖时间：北京舍得　2012年6月17日
　　　　　明清黄花梨、红木专场拍卖　第27号
估　　价：RMB 20,000—30,000

147

148

149

150

149
红木明式方桌
年　　代：清
尺　　寸：长86厘米　宽86厘米　高84厘米
拍卖时间：北京翰海　2012年6月29日
四季拍卖古董珍玩（一）家具、杂项专场　第1002号
估　　价：RMB 12,000
成 交 价：RMB 17,250

150
红木雕夔龙牌桌
年　　代：民国
尺　　寸：长87厘米　宽87厘米　高82厘米
拍卖时间：北京翰海　2012年6月29日
四季拍卖古董珍玩（一）家具、杂项专场　第1007号
估　　价：RMB 25,000
成 交 价：RMB 28,750

151

152

151
红木雕龙纹方桌
年　　代：民国
尺　　寸：长91厘米　宽91厘米　高86厘米
拍卖时间：北京翰海　2012年6月29日
四季拍卖古董珍玩（一）家具、杂项专场　第1009号
估　　价：RMB 15,000
成 交 价：RMB 17,250

152
红木雕云纹方桌
年　　代：民国
尺　　寸：长93厘米　宽93厘米　高86厘米
拍卖时间：北京翰海　2012年6月29日
四季拍卖古董珍玩（一）家具、杂项专场　第1010号
估　　价：RMB 12,000
成 交 价：RMB 13,800

153

154

153

红木有束腰花儿（一对）

年　　代：清

尺　　寸：高99.5厘米　长47.5厘米　宽47.5厘米

拍卖时间：北京舍得　2012年6月17日

明清黄花梨、红木专场拍卖　第49号

估　　价：RMB 60,000—100,000

154

红木嵌大理石牌桌（五件）

年　　代：民国

尺　　寸：桌　长75厘米　宽75厘米　高85厘米

凳　长36厘米　宽36厘米　高48厘米

拍卖时间：北京翰海　2012年6月29日

四季拍卖古董珍玩（一）家具、杂项专场　第1024号

估　　价：RMB 5,000

成交价：RMB 23,000

155

156

155
红木条案
年　　代：清
尺　　寸：长206厘米　宽42厘米　高105厘米
拍卖时间：北京翰海　2012年6月29日
　　　　　四季拍卖古董珍玩（一）家具、杂项专场　第1058号
估　　价：RMB 36,000
成 交 价：RMB 42,550

156
红木雕水滴纹条案
年　　代：清
尺　　寸：长152厘米　宽40厘米　高88厘米
拍卖时间：北京翰海　2012年6月29日
　　　　　四季拍卖古董珍玩（一）家具、杂项专场　第1073号
估　　价：RMB 18,000
成 交 价：RMB 20,700

157

158

157
红木三屉桌
年　　代：民国
尺　　寸：长122厘米　宽52厘米　高83厘米
拍卖时间：北京翰海　2012年6月29日
四季拍卖古董珍玩（一）家具、杂项专场　第1129号
估　　价：RMB 16,000
成 交 价：RMB 18,400

158
红木小写字台
年　　代：民国
尺　　寸：长130厘米　宽59厘米　高83厘米
拍卖时间：北京翰海　2012年6月29日
四季拍卖古董珍玩（一）家具、杂项专场　第1130号
估　　价：RMB 20,000
成 交 价：RMB 27,600

159

160

159

红木长方桌

年　　代：清

尺　　寸：长105厘米　宽65厘米　高31厘米

拍卖时间：北京翰海　2012年6月29日

四季拍卖古董珍玩（一）家具、杂项专场　第1148号

估　　价：RMB 5,000

成 交 价：RMB 5,750

160

红木长方桌

年　　代：清

尺　　寸：长99厘米　宽65厘米　高32厘米

拍卖时间：北京翰海　2012年6月29日

四季拍卖古董珍玩（一）家具、杂项专场　第1149号

估　　价：RMB 12,000

成 交 价：RMB13,800

161

162

161
花梨长方桌
年　　代：清
尺　　寸：长82厘米　宽45厘米　高31厘米
拍卖时间：北京翰海　2012年6月29日
　　　　　四季拍卖古董珍玩（一）家具、杂项专场　第1150号
估　　价：RMB 5,000
成交价：RMB 9,200

162
红木方桌
年　　代：清
尺　　寸：长74厘米　宽74厘米　高32厘米
拍卖时间：北京翰海　2012年6月29日
　　　　　四季拍卖古董珍玩（一）家具、杂项专场　第1151号
估　　价：RMB 9,000
成交价：RMB 11,500

163

164

163
红木雕如意小炕桌
年　代：清
尺　寸：长81厘米　宽39厘米　高22厘米
拍卖时间：北京翰海　2012年6月29日
四季拍卖古董珍玩（一）家具、杂项专场　第1156号
估　价：RMB 10,000
成交价：RMB 12,650

164
红木雕勾莲小炕桌
年　代：清
尺　寸：长76厘米　宽40厘米　高27厘米
拍卖时间：北京翰海　2012年6月29日
四季拍卖古董珍玩（一）家具、杂项专场　第1157号
估　价：RMB 10,000
成交价：RMB 11,500

165

166

165
红木雕狮足长方桌
年　　代：清
尺　　寸：长88厘米　宽151厘米　高37厘米
拍卖时间：北京翰海　2012年6月29日
　　　　　四季拍卖古董珍玩（一）家具、杂项专场　第1162号
估　　价：RMB 8,000
成交价：RMB 9,200

166
红木雕回纹长方桌
年　　代：清
尺　　寸：长62厘米　宽97厘米　高31厘米
拍卖时间：北京翰海　2012年6月29日
　　　　　四季拍卖古董珍玩（一）家具、杂项专场　第1163号
估　　价：RMB 8,000
成交价：RMB 9,200

167

168

167
红木长方桌
年　　代：清
尺　　寸：长150厘米　宽90厘米　高37厘米
拍卖时间：北京翰海　2012年6月29日
　　　　　四季拍卖古董珍玩（一）家具、杂项专场　第1164号
估　　价：RMB 10,000
成交价：RMB 11,500

168
红木雕狮纹圆桌
年　　代：清
尺　　寸：长89厘米　宽89厘米　高36厘米
拍卖时间：北京翰海　2012年6月29日
　　　　　四季拍卖古董珍玩（一）家具、杂项专场　第1167号
估　　价：RMB 6,000
成交价：RMB 11,500

169

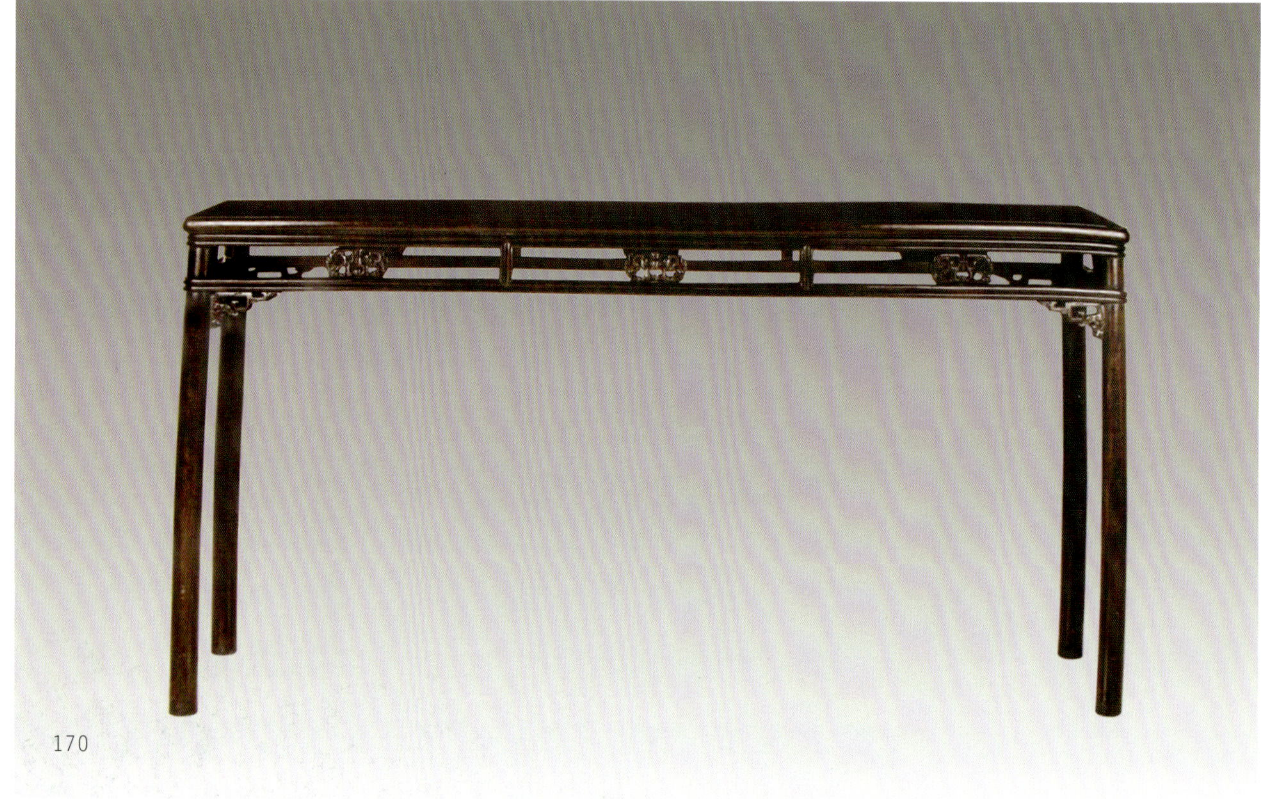
170

169
红木方桌
年　　代：明
尺　　寸：长94.5厘米　宽94.5厘米　高87厘米
拍卖时间：中贸圣佳　2012年7月22日
春季艺术品拍卖会古典家具专场　第1655号
估　　价：RMB 30,000—50,000
成交价：RMB 63,250

170
红木原包团龙条案
年　　代：民国
尺　　寸：长199厘米　宽45厘米　高102厘米
拍卖时间：中贸圣佳　2012年7月22日
春季艺术品拍卖会古典家具专场　第1663号
估　　价：RMB 30,000—50,000
成交价：RMB 63,250

171

172

171
红木嵌金丝楠木画案

年　　代：民国
尺　　寸：长174厘米　宽69厘米　高86厘米
拍卖时间：中贸圣佳　2012年7月22日
　　　　　春季艺术品拍卖会古典家具专场　第1664号
估　　价：RMB 30,000—50,000
成 交 价：RMB 69,000

172
红木龙纹大御案

年　　代：清乾隆
尺　　寸：长205厘米　宽110厘米　高80厘米
拍卖时间：中贸拍卖行　2012年8月8日　古董珍玩专场　第313号
估　　价：无底价

173

174

173

红木雕狮子纹下卷琴桌

年　　代：清晚期

尺　　寸：高86厘米　长150厘米　宽44.5厘米

拍卖时间：北京舍得　2012年9月19日

中国古典家具——清代、民国红木专场拍卖　第28号

估　　价：RMB 50,000—80,000

成交价：RMB 47,000

174

红木有束腰展腿画案

年　　代：清

尺　　寸：高85厘米　长186厘米　宽80厘米

拍卖时间：北京舍得　2012年9月19日

中国古典家具——清代、民国红木专场拍卖　第68号

估　　价：RMB 80,000—120,000

175

176

175
红木翘头案
年　　代：民国
尺　　寸：高95厘米　长250厘米　宽53厘米
拍卖时间：北京舍得　2012年9月19日
中国古典家具——清代、民国红木专场拍卖　第73号
估　　价：RMB 60,000—100,000
成 交 价：RMB 86,000

176
红木夔龙纹八腿书桌
年　　代：清晚期
尺　　寸：高86厘米　长122厘米　宽62厘米
拍卖时间：北京舍得　2012年9月19日
中国古典家具——清代、民国红木专场拍卖　第53号
估　　价：RMB 60,000—80,000
成 交 价：RMB 77,000

177

178

177

红木下卷琴桌

年　　代：清晚期

尺　　寸：高83厘米　长126.5厘米　宽46.5厘米

拍卖时间：北京舍得　2012年9月19日

中国古典家具——清代、民国红木专场拍卖　第55号

估　　价：RMB 50,000—80,000

178

红木镶石面圆桌

年　　代：清

尺　　寸：高87厘米　直径76厘米

拍卖时间：北京舍得　2012年9月19日

中国古典家具——清代、民国红木专场拍卖　第57号

估　　价：RMB 80,000—100,000

成 交 价：RMB 140,000

179

红木石面圆桌

年　　代：清

尺　　寸：高86厘米　直径95.6厘米

拍卖时间：北京舍得　2012年9月19日　中国古典家具——清代、民国红木专场拍卖　第58号

估　　价：RMB 40,000—60,000

成交价：RMB 66,000

180

181

180
红木仿竹节条案
年　　代：民国
尺　　寸：高81厘米　长149厘米　宽49厘米
拍卖时间：北京舍得　2012年9月19日
中国古典家具——清代、民国红木专场拍卖　第59号
估　　价：RMB 40,000—60,000
成交价：RMB 71,000

181
红木平头案
年　　代：民国
尺　　寸：高83厘米　长186厘米　宽60厘米
拍卖时间：北京舍得　2012年9月19日
中国古典家具——清代、民国红木专场拍卖　第61号
估　　价：RMB 50,000—80,000

182

183

182

红木镶石面香儿（一对）

尺　　寸：高103.5厘米　直径51厘米

拍卖时间：北京舍得　2012年9月19日

中国古典家具——清代、民国红木专场拍卖　第80号

估　　价：RMB 40,000—60,000

183

红木香儿（一对）

年　　代：民国

尺　　寸：高77厘米　长51厘米　宽51厘米

拍卖时间：北京舍得　2012年9月19日

中国古典家具——清代、民国红木专场拍卖　第83号

估　　价：RMB 40,000—50,000

184

185

184
红木小花儿（一对）
年　　代：清
尺　　寸：高54厘米　直径34厘米
拍卖时间：北京舍得　2012年9月19日
中国古典家具——清代、民国红木专场拍卖　第84号
估　　价：RMB 20,000—40,000
成 交 价：RMB 37,000

185
红木三弯腿花儿（一对）
年　　代：清
尺　　寸：高79厘米　长37厘米　宽37厘米
拍卖时间：北京舍得　2012年9月19日
中国古典家具——清代、民国红木专场拍卖　第87号
估　　价：RMB 20,000—40,000

186

187

186
红木香儿（一对）
年　　代：清
尺　　寸：高79厘米　长51厘米　宽51厘米
拍卖时间：北京舍得　2012年9月19日
中国古典家具——清代、民国红木专场拍卖　第89号
估　　价：RMB 60,000—100,000
成交价：RMB 77,000

187
红木镶石面小方桌（一对）
年　　代：民国
尺　　寸：高78厘米　长54厘米　宽56厘米
拍卖时间：北京舍得　2012年9月19日
中国古典家具——清代、民国红木专场拍卖　第30号
估　　价：RMB 30,000—40,000

188

189

188
红木鳄鱼脚纽绳纹方桌
年　　代：清
尺　　寸：高76.5厘米　长76厘米　宽76厘米
拍卖时间：北京舍得　2012年9月19日
　　　　　中国古典家具——清代、民国红木专场拍卖　第35号
估　　价：RMB 40,000—60,000
成 交 价：RMB 51,000

189
红木仿竹节一腿三牙条桌
年　　代：民国
尺　　寸：高83厘米　长91.5厘米　宽51.7厘米
拍卖时间：北京舍得　2012年9月19日
　　　　　中国古典家具——清代、民国红木专场拍卖　第37号
估　　价：RMB 20,000—30,000
成 交 价：RMB 53,000

190

191

190
红木如意云头纹半桌
尺　　寸：高81.5厘米　长114厘米　宽41.5厘米
拍卖时间：北京舍得　2012年9月19日
中国古典家具——清代、民国红木专场拍卖　第39号
估　　价：RMB 20,000—30,000

191
红木拉钱条桌
尺　　寸：高80.5厘米　长105.5厘米　宽40厘米
拍卖时间：北京舍得　2012年9月19日
中国古典家具——清代、民国红木专场拍卖　第40号
估　　价：RMB 20,000—30,000

192

193

192

红木琴桌

尺　　寸：高85.5厘米　长124.5厘米　宽42厘米

拍卖时间：北京舍得　2012年9月19日

中国古典家具——清代、民国红木专场拍卖　第42号

估　　价：RMB 20,000—30,000

成 交 价：RMB 34,000

193

红木写字台

年　　代：清

尺　　寸：高83厘米　长162厘米　宽70厘米

拍卖时间：北京舍得　2012年9月19日

中国古典家具——清代、民国红木专场拍卖　第44号

估　　价：RMB 100,000—120,000

成 交 价：RMB 110,000

194

195

194

红木条桌

年　　代：清

尺　　寸：高85厘米　长175厘米　宽53厘米

拍卖时间：北京舍得　2012年9月19日

中国古典家具——清代、民国红木专场拍卖　第45号

估　　价：RMB 80,000—100,000

成交价：RMB 121,000

195

红木镶石面高拱罗锅枨画桌

尺　　寸：高85厘米　长121厘米　宽67厘米

拍卖时间：北京舍得　2012年9月19日

中国古典家具——清代、民国红木专场拍卖　第46号

估　　价：RMB 30,000—40,000

196

197

196
红木圆包圆石面画桌
年　　代：民国
尺　　寸：高84.5厘米　长121.5厘米　宽69厘米
拍卖时间：北京舍得　2012年9月19日
中国古典家具——清代、民国红木专场拍卖　第23号
估　　价：RMB 30,000—50,000
成 交 价：RMB 70,000

197
红木镶瘿木面方桌
年　　代：民国
尺　　寸：高81厘米　长76厘米　宽76厘米
拍卖时间：北京舍得　2012年9月19日
中国古典家具——清代、民国红木专场拍卖　第26号
估　　价：RMB 40,000—60,000
成 交 价：RMB 52,000

贮藏

中国古代红木家具拍卖投资考成汇典

ZHONG GUO GU DAI HONG MU JIA JU PAI MAI TOU ZI KAO CHENG HUI DIAN

001

001
酸枝木花架
年　　代：清
尺　　寸：高130厘米　长46厘米　宽46厘米
拍卖时间：南京正大　2006年11月26日
　　　　　古典家具瓷器玉器专场　第41号
估　　价：RMB 40,000—60,000

002
红木竹菊小柜
年　　代：民国
尺　　寸：长139.6厘米　宽89.7厘米
拍卖时间：中国嘉德　2007年12月15日
　　　　　四季拍卖玉器、工艺品　第3655号
估　　价：无底价
成 交 价：RMB 21,280

002

003
红木衣架
年　　代：19世纪
尺　　寸：高174厘米　宽174厘米　深41.2厘米
拍卖时间：纽约佳士得　2003年9月18日
Gangolf Geis 私人收藏中国古典家具专场
第43号
估　　价：USD 6,000—8,000

003

004
红木雕龙纹多宝格
年　　代：清
尺　　寸：高65.5厘米
拍卖时间：北京翰海　2008年5月11日
春季拍卖会寄闲楼雅玩　第1995号
估　　价：RMB 80,000—100,000
成 交 价：RMB 436,800

004

005

005

红木风纹衣架

年　　代：民国
尺　　寸：长126厘米　宽38厘米　高164厘米
拍卖时间：浙江钱塘　2008年6月8日
　　　　　春季艺术品拍卖会　第88号
估　　价：RMB 20,000—30,000

006

红木诗文书柜（一对）

年　　代：清
尺　　寸：长85厘米　宽42厘米　高170厘米
拍卖时间：浙江钱塘　2008年6月8日
　　　　　春季艺术品拍卖会　第108号
估　　价：RMB 700,000—900,000

006

007
红木刻葡萄纹磬架
年　　代：清
尺　　寸：高98厘米
拍卖时间：北京保利　2009年3月26—27日
　　　　　玉器 工艺品　第3165号
估　　价：无底价
成 交 价：RMB 42,800

007

008
红木文具柜
年　　代：清晚期
尺　　寸：高55厘米
拍卖时间：北京保利　2009年3月26—27日
　　　　　玉器 工艺品　第3211号
估　　价：无底价
成 交 价：RMB 34,720

008

009

009
红木紫檀冠架
年　　代：清
尺　　寸：高22厘米
拍卖时间：北京万隆　2009年6月26日　瓷器工艺品专场　第200号
起 拍 价：RMB 8,000—12,000

010
老红木双门大柜
年　　代：清
尺　　寸：高201.5厘米
拍卖时间：上海大众　2010年1月3日
第2届精品古董拍卖会新海上雅集——海上集珍　第910号
估　　价：RMB 50,000

010

011
红木亮格书架
年　　代：清
尺　　寸：长127厘米　宽42厘米　高177厘米
拍卖时间：富邦　2010年1月19日
迎春大型艺术品拍卖古木今韵——典藏家具专场　第107号
估　　价：RMB 200,000—300,000
成 交 价：RMB 250,000

012
红木顶箱柜
年　　代：清
尺　　寸：长118厘米　宽60厘米　高211厘米
拍卖时间：富邦　2010年1月19日
迎春大型艺术品拍卖古木今韵——典藏家具专场　第124号
估　　价：RMB 48,000—58,000
成 交 价：RMB 48,000

011

012

013

014

013
红木盆架
年　　代：清
尺　　寸：口径56厘米　高69厘米
拍卖时间：富邦　2010年1月19日
迎春大型艺术品拍卖古木今韵——典藏家具专场　第194号
估　　价：RMB 4,000—8,000
成 交 价：RMB 8,500

014
红木龙头衣架
年　　代：清
尺　　寸：高133厘米
拍卖时间：浙江佳宝　2010年6月6日
宫廷典藏家具拍卖专场　第48号
估　　价：RMB 20,000—40,000
成 交 价：RMB 31,360

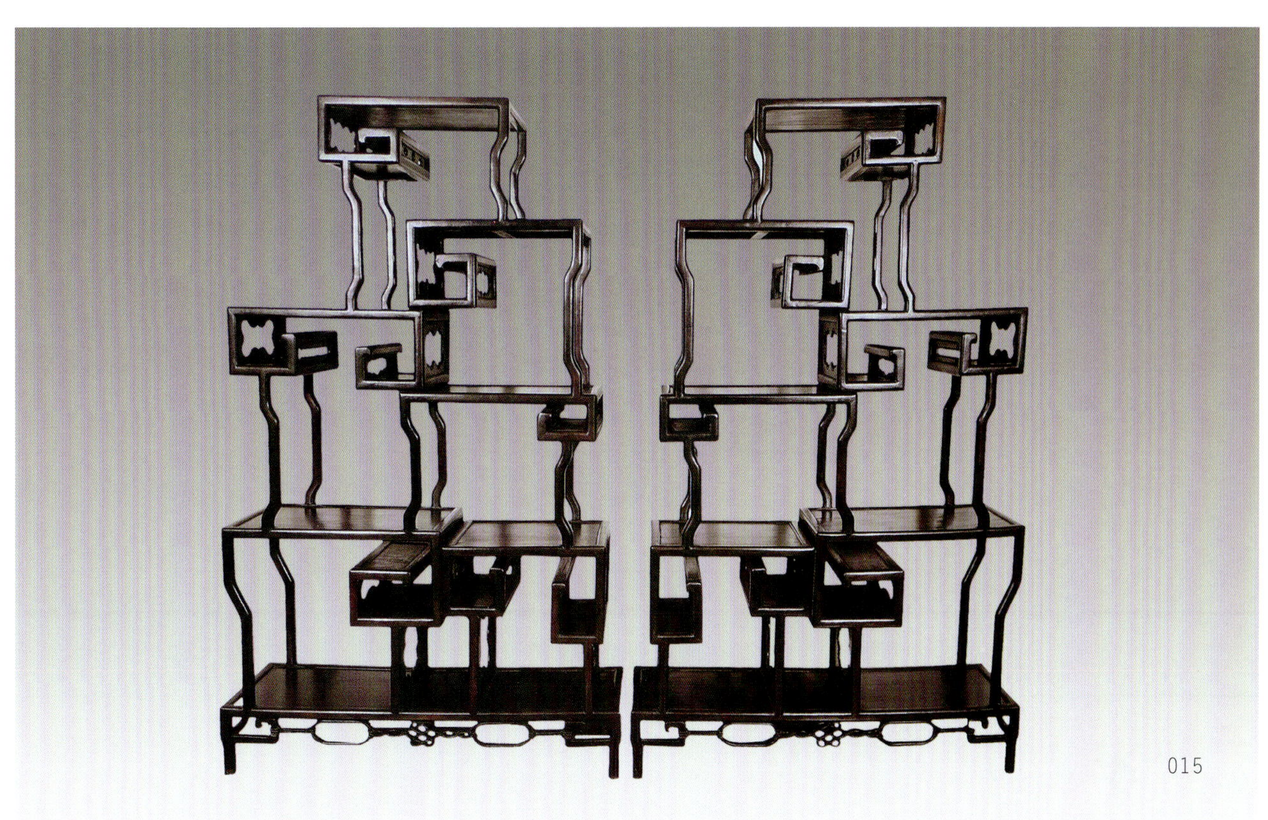

015

016

015

红木多宝格（一对）

年　　代：清

尺　　寸：长796厘米　宽33厘米　高155厘米

拍卖时间：北京舍得　2010年12月16日

中国明清家具专场拍卖会　第82号

估　　价：RMB 60,000—80,000

016

红木嵌宝小柜

年　　代：清

尺　　寸：高33.85厘米

拍卖时间：太平洋　2011年6月18日

珍·雅趣——重要杂项工艺品专场　第303号

估　　价：RMB 28,000

成交价：RMB 56,000

017
红木亮隔柜
年　　代：清
尺　　寸：长83厘米　宽42厘米　高157厘米
拍卖时间：上海大众拍卖　2011年8月25日
　　　　　新海上雅集（海上集珍）　第548号
估　　价：RMB 64,000

018
红木脸盆架
年　　代：清中期
尺　　寸：高178厘米　长48厘米　宽48厘米
拍卖时间：中国嘉德四季　2011年9月19日
　　　　　承古容今——古典家具专场　第5905号
估　　价：RMB 68,000—90,000
成 交 价：RMB 82,800

017

018

019

红木雕四季花卉大四件柜

年　　代：清中期

尺　　寸：长140厘米　高294厘米　宽63厘米

拍卖时间：北京保利　2012年12月5日

乾隆御制翡翠雕辟邪水丞——宫廷艺术与重要瓷器工艺品

第5787号

估　　价：RMB 3,200,000—5,200,000

成 交 价：RMB 4,025,000

020

红木雕吉庆纹穿衣镜

年　　代：民国

尺　　寸：长139厘米　宽64厘米　高200厘米

拍卖时间：北京翰海　2012年6月29日

四季拍卖古董珍玩（一）家具、杂项专场　第1112号

估　　价：RMB 12,000

成 交 价：RMB 20,700

021

红木书柜（一对）

年　　代：清

尺　　寸：高200厘米　长110厘米　宽37.8厘米

拍卖时间：北京保利（第十六期）2011年10月22日

异趣交融——中西古典家具　第579号

估　　价：RMB 30,000—50,000

成 交 价：RMB 46,000

022

红木五屉柜

年　　代：清

尺　　寸：长82厘米　宽48厘米　高112厘米

拍卖时间：北京翰海　2012年6月29日

四季拍卖古董珍玩（一）家具、杂项专场　第1137号

估　　价：RMB 20,000

成 交 价：RMB 24,150

023

红木多宝格（两件）

年　　代：民国

尺　　寸：长86厘米　宽34厘米　高196厘米

拍卖时间：北京翰海　2012年6月29日

四季拍卖古董珍玩（一）家具、杂项专场　第1118号

估　　价：RMB 15,000

成 交 价：RMB 58,650

024

红木雕花卉小柜

年　　代：清

尺　　寸：长83厘米　宽55厘米　高91厘米

拍卖时间：北京翰海　2012年6月29日

　　　　　四季拍卖古董珍玩（一）家具、杂项专场　第1138号

估　　价：RMB 18,000

成 交 价：RMB 21,850

025

红木雕双狮柜

年　　代：清

尺　　寸：长106厘米　宽41厘米　高156厘米

拍卖时间：北京翰海　2012年6月29日

　　　　　四季拍卖古董珍玩（一）家具、杂项专场　第1144号

估　　价：RMB 12,000

成 交 价：RMB 13,800

026

027

026
红木嵌黄杨木多宝格
年　　代：清
尺　　寸：长90厘米　宽32厘米　高121厘米
拍卖时间：北京翰海　2012年6月29日
　　　　　四季拍卖古董珍玩（一）家具、杂项专场
　　　　　第1147号
估　　价：RMB 18,000
成交价：RMB 20,700

027
红木书架（一对）
年　　代：清晚期
尺　　寸：高190厘米　长84厘米　宽36厘米
拍卖时间：北京舍得　2012年9月19日
　　　　　中国古典家具——清代、民国红木专场拍卖　第94号
估　　价：RMB 100,000—120,000
成交价：RMB 95,000

028

红木多宝格

年　　代：民国

尺　　寸：长74厘米　宽19.5厘米　高84厘米

拍卖时间：北京保利　2012年12月7日

　　　　　中国古董珍玩　第7782号

估　　价：RMB 15,000—20,000

成 交 价：RMB 46,000

屏蔽

中国古代红木家具
拍卖投资考成汇典

ZHONG GUO GU DAI HONG MU JIA JU
PAI MAI TOU ZI KAO CHENG HUI DIAN

001

红木白手屏风（十二扇）

年　　代：清

尺　　寸：高318厘米　宽55厘米（单扇）

拍卖时间：2005年10月30日

估　　价：RMB 200,000—300,000

002

红木瘿子木嵌瓷板画围屏四堂

年　　代：清康熙

尺　　寸：高193厘米　宽193厘米

拍卖时间：纽约苏富比　1999年3月23日　重要的中国古典家具专场　第95号

估　　价：USD 10,000—25,000

003

红木座屏

年　　代：清中期

尺　　寸：长69厘米　宽33厘米　高109厘米

拍卖时间：中国嘉德　1999年10月27日　秋季拍卖会古典家具　第1179号

估　　价：RMB 6,000—10,000

成 交 价：RMB 22,000

004

红木云石落地插屏

年　　代：清

拍卖时间：中贸圣佳　2004年6月7日　春季艺术品拍卖会中国古董珍玩专场　第2100号

估　　价：RMB 150,000—200,000

005

红木嵌玉五扇屏风

年　　代：清中期

尺　　寸：高250厘米　宽300厘米

拍卖时间：中国嘉德　2004年11月6日　瓷器家具工艺品　第395号

估　　价：RMB 700,000—900,000

006

红木嵌牙骨《群仙祝寿图》插屏（一对）

年　　代：清中期

尺　　寸：长128厘米　宽57.5厘米　高133厘米

拍卖时间：北京保利　2008年5月30日　开物——明清宫廷艺术夜场　第2146号

估　　价：RMB 2,000,000—3,000,000

成交价：RMB 2,240,000

007

粤绣花鸟图红木座屏

年　　代：清晚期

尺　　寸：长81.5厘米　宽29厘米　高149厘米

拍卖时间：永乐佳士得　2009年12月13日　明清工艺精品　第657号

估　　价：RMB 80,000—100,000

008

红木云石插屏

年　　代：清

尺　　寸：高71厘米　长43厘米　宽43厘米

拍卖时间：浙江钱塘　2008年6月8日　春季艺术品拍卖会　第161号

估　　价：RMB 100,000—200,000

009

红木镶山水瓷板插屏

年　　代：民国

尺　　寸：宽44.5厘米　高68.5厘米

拍卖时间：新华富邦　2009年8月16日　夏季艺术品拍卖会典藏家具专场　第141号

估　　价：RMB 12,000—18,000

成交价：RMB 18,000

010

红木浮雕麒麟博古图屏风十二屏

年　　代：清中期

尺　　寸：高187.5厘米　总宽416.4厘米

拍卖时间：北京翰海　2009年11月10日　十五周年庆典拍卖会明清家具　第2839号

估　　价：RMB 300,000—500,000

成 交 价：RMB 336,000

011

红木嵌竹挂屏

年　　代：清

尺　　寸：高140厘米

拍卖时间：北京保利（第九期） 2009年12月21—22日　玉器 工艺品　第3934号

估　　价：RMB 5,000—8,000

成 交 价：RMB 30,060

012

红木框镶云石天圆地方挂屏四屏

年　　代：清

尺　　寸：宽67厘米　高145厘米

拍卖时间：富邦　2010年1月19日　迎春大型艺术品拍卖古木今韵——典藏家具专场　第205号

估　　价：RMB 38,000—48,000

成 交 价：RMB 38,000

013

红木镶紫檀神龙落地屏

年　　代：清

尺　　寸：长132厘米　宽66厘米　高132厘米

拍卖时间：富邦　2010年1月19日

迎春大型艺术品拍卖古木今韵——典藏家具专场　第108号

估　　价：RMB 1,000,000—2,000,000

成 交 价：RMB 1,500,000

014

红木粉彩福寿人物插屏

年　　代：清乾隆

尺　　寸：高56厘米

拍卖时间：北京荣宝斋（第67期） 2010年3月14日

古董珍玩专场　第309号

估　　价：RMB 40,000—60,000

成 交 价：RMB 123,000

015

红木百宝嵌花鸟纹座屏

年　　代：清

尺　　寸：高63厘米

拍卖时间：2004年1月8日

估　　价：RMB 1，500

016

红木框粉彩瓷插屏

年　　代：清

尺　　寸：长38.5厘米　宽12.5厘米　高39厘米

拍卖时间：西泠印社　2010年7月6日　文房清玩·古玩杂件专场　第2724号

估　　价：RMB 80,000—100,000

成交价：RMB 89,600

017

红木粉彩八仙八条屏

年　　代：民国十年　“民国十年秋五月五茂自置”款识

尺　　寸：高84厘米　宽16厘米

拍卖时间：北京荣宝斋（第68期）2010年7月25日　古董珍玩专场　第1778号

估　　价：RMB 30,000—50,000

成 交 价：RMB 33,600

018

红木大漆嵌紫檀“大吉葫芦”挂屏（一对）

年　　代：清乾隆

尺　　寸：高89厘米

拍卖时间：北京保利（第十二期）2010年10月24日　京华余晖——清宫木器杂项　第1466号

估　　价：无底价

成 交 价：RMB 1,120,000

019

红木粉彩百子图插屏

年　　代：清乾隆

尺　　寸：高59厘米

拍卖时间：北京荣宝斋　2010年11月14日　古董文玩专场　第1109号

估　　价：RMB 360,000—450,000

成 交 价：RMB 392,000

020

红木嵌御制诗插屏

年　　代：清

尺　　寸：高77.2厘米

拍卖时间：北京万隆　2010年1月8日　古董珍玩专场　第1456号

估　　价：RMB 8,000

成 交 价：RMB 8,960

021

"湘灵峰"大理石插屏

年　　代：清

尺　　寸：高79厘米

拍卖时间：中国嘉德　2010年11月21日　瞻麓斋旧藏——嘉怡珍赏　第2253号

估　　价：RMB 60,000—80,000

022

红木嵌云石砚屏

年　　代：清中期

尺　　寸：高33厘米

拍卖时间：北京翰海　2010年12月12日　秋季拍卖会古董珍玩　第3295号

估　　价：RMB 35,000—45,000

成 交 价：RMB 39,200

023

红木雕云蝠纹隔扇 四堂

年　　代：清乾隆

尺　　寸：高157厘米

拍卖时间：北京保利（第十四期） 2011年4月16日　京华余晖——清宫木器杂项　第452号

估　　价：无底价

成 交 价：RMB 43,700

024

红木山民款天圆地方挂屏

年　　代：民国

尺　　寸：高167.5厘米　宽80厘米

拍卖时间：南京正大　2011年4月23日　春季明清古典家具专场　第112号

估　　价：RMB 48,000—68,000

成交价：RMB 56,000

025

红木青花松鹤图插屏

年　　代：明嘉靖

尺　　寸：高31厘米

拍卖时间：荣宝斋（上海） 2011年11月25日　玉堂佳器古董专场（二）　第999号

估　　价：RMB 60,000—80,000

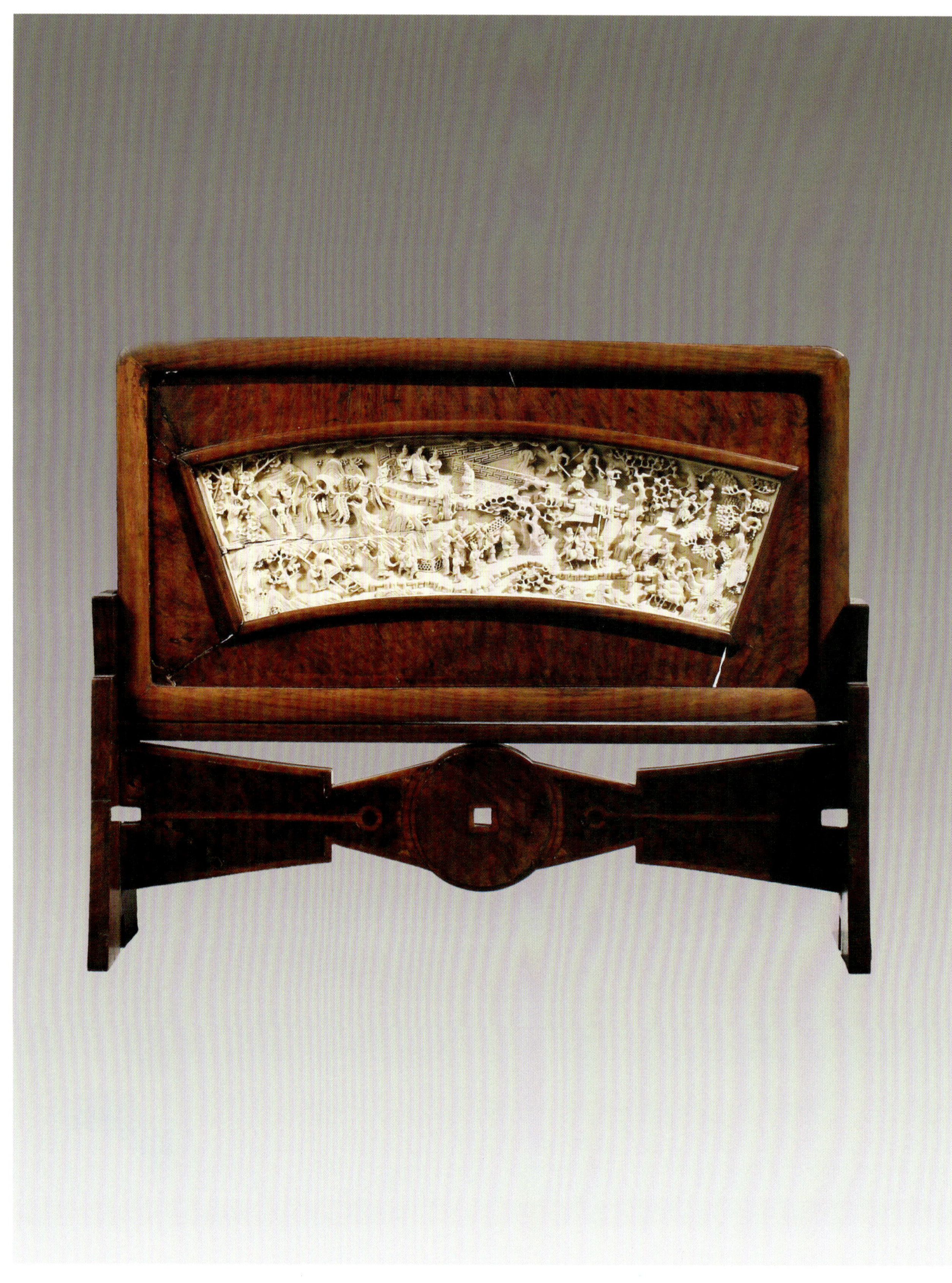

026

红木瘿子木嵌象牙人物故事座屏（一对）

年　　代：清

尺　　寸：高43厘米

拍卖时间：北京保利　2011年12月7日　美国内华达州REGIS艺廊藏中西艺术　第5330号

估　　价：RMB 150,000—200,000

成交价：RMB 172,500

027

红木嵌云石挂屏

年　　代：清

尺　　寸：宽44厘米　高137厘米

拍卖时间：浙江佳宝　2011年12月28日　长物江南——私人珍藏专场　第114号

估　　价：RMB 150,000—200,000

028

红木框嵌楠木镶云石挂屏（一对）

年　　代：清

尺　　寸：高138厘米　宽58厘米

拍卖时间：宁波富邦　2012年2月11日　典藏家具　第276号

估　　价：RMB 28,000—38,000

成 交 价：RMB 72,800

029

红木嵌螺钿百宝花卉插屏

年　　代：清

尺　　寸：高87厘米　长48厘米　宽24厘米

拍卖时间：东京中央　2012年2月23日　古董珍藏　第1911号

估　　价：JPY 300,000—500,000

030

红木嵌掐丝珐琅耄耋寿字插屏

年　代：清嘉庆至道光

尺　寸：高65厘米

拍卖时间：伦敦邦汉斯　2012年5月17日　中国艺术品　第146号

估　价：GBP 10,000—15,000

031

红木框嵌端石雕山水人物插屏

年　　代：1795年—1801年

尺　　寸：高83.7厘米

拍卖时间：伦敦邦汉斯　2012年5月17日　中国艺术品　第172号

估　　价：GBP 30,000—40,000

032

红木框何许人粉彩四季山水长条瓷板挂屏四屏

年　　代：民国　“许人”“何处”印款

尺　　寸：高81厘米　宽22厘米

拍卖时间：北京保利　2012年6月6日　新月雅集——民国文人瓷绘与当代艺术淘瓷专场　第6729号

估　　价：待询

成交价：RMB 22,425,000

033

红木粤绣百鸟朝凤插屏

年　　代：清中期

尺　　寸：高141厘米　宽38厘米

拍卖时间：北京保利　2012年6月7日　中国古董珍玩　第8220号

估　　价：RMB 900,000—1,500,000

成交价：RMB 345,000

034

红木框汪大伧粉彩雪霁山寒江寺挂屏

年　　代：民国　“一栗”印款

尺　　寸：高38厘米　宽24.5厘米

拍卖时间：北京保利　2011年10月22日　新月雅集——民国文人瓷绘与当代艺术淘瓷专场　第6717号

估　　价：RMB 180,000—220,000

成 交 价：RMB 333,500

035

红木嵌象牙喜鹊登梅屏风

年　　代：清

尺　　寸：长90厘米　宽128厘米　高40厘米

拍卖时间：北京翰海　2012年6月29日　四季拍卖古董珍玩（一）家具、杂项专场　第1141号

估　　价：RMB 8,000

成交价：RMB 26,450

036

红木插屏

年　　代：清

尺　　寸：高103厘米　长64厘米　宽40厘米

拍卖时间：北京舍得　2012年9月19日　中国古典家具——清代、民国红木专场拍卖　第92号

估　　价：RMB 15,000—25,000

成交价：RMB 37,000

037

红木框百宝嵌婴戏图大座屏

年　　代：清中期

尺　　寸：连座246厘米　屏心127厘米　高189.5厘米

拍卖时间：北京保利　2012年12月5日　乾隆御制翡翠雕辟邪水丞——宫廷艺术与重要瓷器工艺品　第5785号

估　　价：RMB 1,000,000—1,500,000

成 交 价：RMB 1,437,500

038

粉彩“大吉”红木挂屏

年　　代：清中期

尺　　寸：长49.5厘米　宽34.7厘米

拍卖时间：北京匡时　2012年12月5日　“坤宁清潽”——官造珍玩专场　第1977号

估　　价：RMB 160,000—180,000

成交价：RMB 218,000

文房及其他

中国古代红木家具拍卖投资考成汇典

ZHONG GUO GU DAI HONG MU JIA JU PAI MAI TOU ZI KAO CHENG HUI DIAN

001

002

001

红木素药箱

年　　代：清

尺　　寸：宽29厘米　高30.5厘米

拍卖时间：中国嘉德　1994年11月9日

秋季拍卖会瓷器玉器鼻烟壶工艺品专场　第844号

估　　价：RMB 8,000—10,000

成交价：RMB 35,200

002

红木药箱

年　　代：清早期

尺　　寸：长36厘米　宽25厘米　高39厘米

拍卖时间：中国嘉德　1999年10月27日

秋季拍卖会古典家具　第1178号

估　　价：RMB 9,000—12,000

成交价：RMB 17,600

003

004

003

红木嵌玉福寿方盒

年　　代：民国

尺　　寸：直径19.6厘米

拍卖时间：中国嘉德　2007年12月15日

四季拍卖玉器、工艺品　第3572号

估　　价：RMB 12,000—22,000

成交价：RMB 17,920

004

红木雕云龙纹书箱

年　　代：清乾隆

尺　　寸：高51厘米　长44厘米　宽27厘米

拍卖时间：南京正大　2010年1月17日

春季明清古典家具专场　第26号

估　　价：RMB 46,000—76,000

成交价：RMB 51,980

005

006

005
红木足承
年　　代：清（19世纪）
尺　　寸：高150厘米　长94厘米　宽47厘米
拍卖时间：伦敦佳士得　2010年11月9日
中国古代玉器及工艺品　第0256号
估　　价：GBP 10,000—15,000
成交价：GBP 6,875

006
红木嵌黄杨象牙花卉纹托座
年　　代：清
尺　　寸：长36厘米
拍卖时间：北京保利　2008年5月31日　文馨阁集珍　第2369号
估　　价：RMB 12,000—20,000
成交价：RMB 89,600

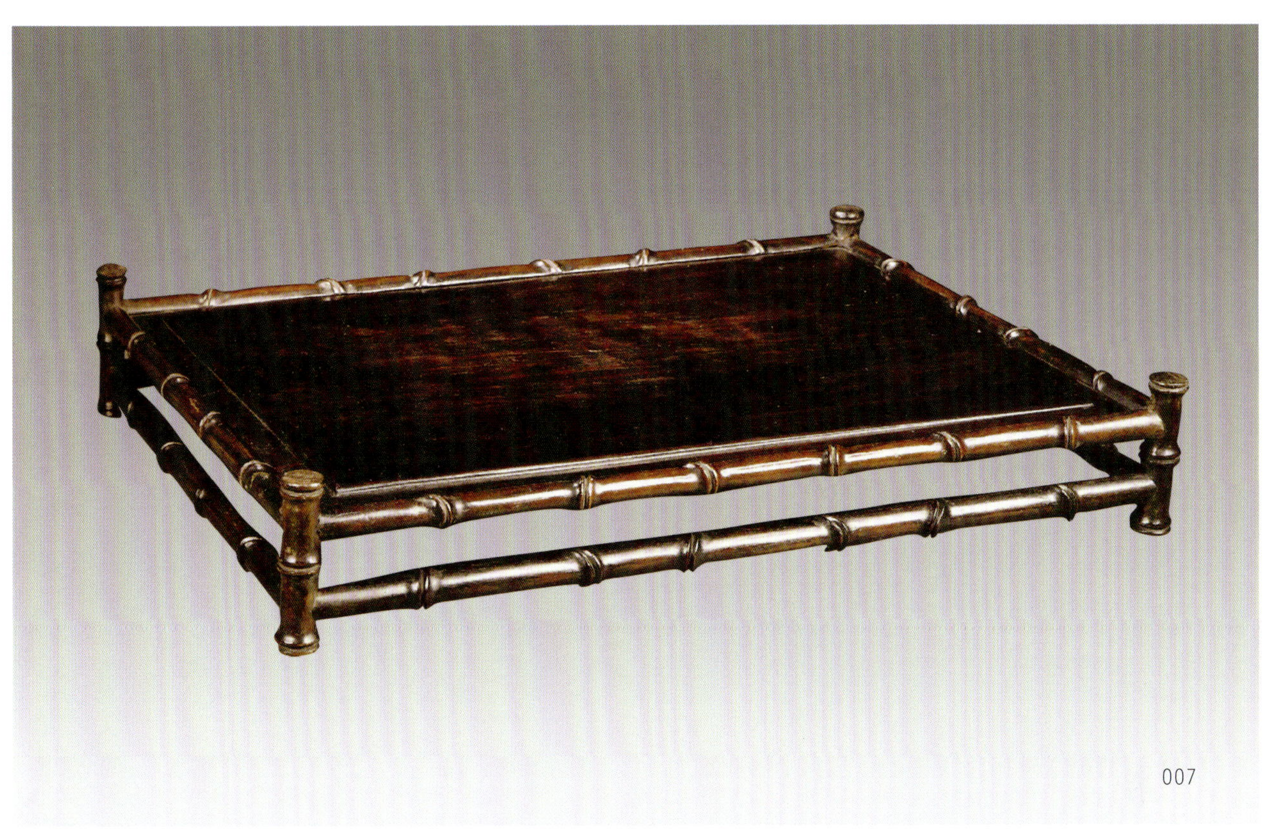
007

008

007
红木竹节香盘

年　　代：清

尺　　寸：长41厘米　宽30厘米　高6.6厘米

拍卖时间：西泠印社　2010年7月6日
　　　　　文房清玩·首届香具、茶具专场　第2609号

估　　价：RMB 10,000—20,000

成 交 价：RMB 22,400

008
红木几座

年　　代：清

尺　　寸：长37.8厘米　宽29.6厘米　高8.2厘米

拍卖时间：西泠印社　2010年7月6日
　　　　　文房清玩·首届香具、茶具专场　第2618号

估　　价：RMB 10,000—20,000

成 交 价：RMB 20,160

009
红木雕狮纹穿衣镜
年　　代：民国
尺　　寸：高161厘米　宽87厘米　厚45厘米
拍卖时间：南京正大　2011年4月23日
春季明清古典家具专场　第51号
估　　价：RMB 72,000—92,000
成交价：RMB 80,000

009

010

010
红木穿衣镜
年　　代：清
尺　　寸：长82厘米　宽58厘米　高206厘米
拍卖时间：北京歌德　2010年11月19日　文房清供　第928号
估　　价：RMB 280,000—350,000
成交价：RMB 313,600

011
红木雕竹叶纹器座
年　　代：清
尺　　寸：高35厘米　宽82厘米
拍卖时间：北京匡时　2011年9月17日　擎来锦绣——永源斋藏古代器物配件专场　第2748号
估　　价：无底价
成 交 价：RMB 264,5000

012

红木嵌百宝多宝盒（一对）

年　　代：清乾隆

尺　　寸：长36厘米　宽20厘米　高36厘米

拍卖时间：北京匡时　2012年12月5日

“坤宁清漪”——官造珍玩专场　第2003号

估　　价：RMB 1,800,000—2,000,000

成 交 价：RMB 2,070,000